삶의 질문에
　　　몸짓으로 답하다

# 삶의 질문에
## 몸짓으로 답하다

김태희 지음

*révérence*

**일러두기**

1. 이 책은 삶을 살아가는 데 주어지는 몇 가지 질문에 대해
   발레 작품을 들어 몸짓으로부터 답을 구하고자 한 생각을 담고 있습니다.

2. 공연과 영상 작품은 서체를 다르게 처리해 구분했으며,
   문학과 음악 작품은 작은따옴표(' ')로 표기했습니다.

3. 발레에 관한 고유명사는 프랑스어 원어를 병기하고 붙여쓰기했으며,
   기관과 단체 이름은 원어의 띄어쓰기에 준해 표기했습니다.

4. 발레 용어를 비롯한 외국어의 한글 표기는
   국립국어원 한국어 어문 규범을 따랐습니다.

5. 본문에 언급된 주요 작품의 프로덕션 정보는 부록 '작품 찾아보기'에
   정리했으며, 사진의 인물 및 공연 정보는 '도판 출처'에서 확인할 수 있습니다.

차례

죽음, 끝이 아닌 탄생 006
무너질 때 비로소 시작되는 사랑이란 028
무대라는 세계를 지각하는 주체, 몸 048
극장이라는 환상, 현실이라는 환멸 072
움직임은 어떻게 아름다운가 088
예술은 또한 정치적이다 102
우아하게 살아가기 위하여 112


작품 찾아보기 128
도판 출처 133


마치며 révérence 138

죽음, 끝이 아닌 탄생

모든 비극은 상실에 뒤따르는 애도를 동반한다. 그렇다면 끝내 이뤄지지 못한 수많은 사랑과 죽음으로 치달을 수밖에 없었던 이야기들은 어떤 의미를 남길까. **로미오와 줄리엣**을 부모 세대에 의해 희생된 젊은이들의 사랑으로 본다면, **지젤**을 신분을 속이고 접근한 남자의 거짓된 사랑 고백에 충격을 받은 여성이 죽어서도 자신의 사랑을 지켜간다는 설화 같은 이야기로 여긴다면 우리가 보지 못하고 지나치는 맥락이 너무나 많지 않은가.

여러 욕망으로 뒤엉킨 채 살아가는 것이 인간 실존이다. 살아 숨 쉬며 사랑하고자 하는 생명충동이 있는가 하면, 그 이면에는 스스로를 파괴하고 해체하며 '무無'로 돌아가고자 하는 죽음충동이 작동한다. 생을 지속하려는 힘이 강해질수록 무의식 가운데 스스로를 파괴하려는 욕망 또한 나를 지배한다.

**젊은이와 죽음**의 대본을 쓴, 영화감독이자 문인 장 콕토는 이런 말을 남겼다. "죽은 자들의 진정한 무덤은 산 자들의 마음이다Le vrai tombeau des morts, c'est le cœur des vivants." 죽은 이들은 현재를 살아가는 이들의 기억 속에 존재한다는 말은, 나아가 죽음과 예술, 기억과 존재가 긴밀하게 결부된다는 것을 상기하게 한다.

죽는다는 것은 결코 상황의 종결이 아니다. 오히려 죽음을 통해 모종의 의미가 생겨날 수 있다. **로미오와**

**줄리엣**을 보면서 죽기를 결심한 젊은 연인이 우리에게 남긴 메시지를 읽어내고, **젊은이와 죽음**을 통해 살아가는 가운데 끊임없이 흔들리다 끝내 소멸함으로써 스스로를 해방하는 존재를 발견하며, 낭만성이 가득한 **지젤**에서 죽음 이후에야 펼쳐지는 사랑의 의미를 마음에 새긴다. 모든 것을 삼켜버린 죽음을, 예술은 기꺼이 건져 올려 무대 위에 펼쳐놓는다.

# '로미오와 줄리엣'의
## 삶과 죽음이 뒤엉킬 때

'로미오와 줄리엣' 이야기를 아느냐고 묻는다면 누구든 그렇다고 답할 테지만, 연극이든 뮤지컬이든 기억에 남는 예술 작품을 꼽으라면 언급하기가 쉽지 않을 것이다. 셰익스피어의 손끝에서 완성된 세기의 명작 '로미오와 줄리엣'은 수많은 예술 장르에서 저마다의 방식으로 재해석을 거듭해 온 텍스트다. 가문이라는 이름의 거대한 힘에 희생되는 젊은 연인을 다룬 이야기는, 실제 그 분량이 길지 않지만 이야기 속을 가로지르는 복잡다단한 갈등으로 말미암아 400년 넘는 세월을 지나기까지 해석의 다양성을 낳았다.

누군가는 이들의 관계를 금지된 사랑으로 보기도, 비극적 결말에 이를 수밖에 없는 운명적 만남으로 보기

← 줄리엣의 무덤가. 사랑하는 이의 죽음을 마주한 로미오는 품에 간직해 온 독약을 마신 다음 마지막으로 입을 맞추곤 그 뒤를 따른다. 이윽고 깨어난 줄리엣은 절규하며 상황을 부정하지만, 이내 단념하고 패리스의 옆에 있던 단검으로 자신을 찌른다. 아이러니하게도 그 칼은 본래 로미오의 것이다. 사뭇 평화롭게 보이는 장면은 줄리엣이 가사 상태에서 깨어나기 직전으로, 한순간의 선택에 따라 운명이 엇갈리는 순간을 비추고 있다.

도 한다. 이들은 너무나 사랑하지만, 아니 너무나 사랑하기 때문에 죽어서야 함께할 수 있다는 선택에 이르게 된다. 로미오와 줄리엣은 작품 속에서 겨우 십 대이지만, 나이가 중요하겠는가. 생을 스스로 중단하는 결심에 이를 수 있다는 것, 그 안에 깃든 죽음충동은 결단을 통해 인간이 어떻게 죽음으로 자신의 욕망과 자기 정체성을 완성해 내는지 보여준다. 이들은 서로가 이어질 수 없다는 현실을 알면서도 자기 파괴적 사랑을 선택하고, 그 기쁨에 충실함으로써 스스로를 파멸로 이끈다. 삶과 죽음, 에로스와 타나토스는 동전의 양면처럼 뗄 수 없는 사이로 존재하고, 생을 지키려는 힘만큼이나 생을 끝내려는 힘은 더욱 강렬하다. 그러니 이 이야기를 장악하는 죽음은 비극 혹은 실패로 일컬어지기보다는 불가피한 결말로 보는 것이 옳지 않을까. 또한 두 사람이 죽음을 택함으로써 비로소 완성한 이상적 사랑은, 무대에 남은 이들에게 사랑 이상의 의미를 탄생시켰으니 말이다.

레오니드 라브롭스키1940와 프레더릭 애슈턴1955·존 크랭코1962·케네스 맥밀런1965에서 알렉세이 라트만스키2011·매슈 본2019에 이르기까지. 다채로운 프로덕션을 거듭해 온 발레 **로미오와 줄리엣**의 역사는 1936년 발표한 프로코피예프의 발레음악으로 시작한다. 원작의 결말과 달리 해피엔딩으로 작곡된 음악은 콘서트를 위해 부분부분

발표되다 1940년 라브롭스키의 발레 작품으로 비로소 볼쇼이 극장에서 전체 구성을 드러냈다. 표제를 붙인 각각의 장면은 극적 서사를 풍부하고도 세밀하게 담고 있으며, 특유의 비장미를 드러낸다. 좋은 음악 위에 춤이 탄생할 수 있다고 여긴 20세기 후반, 프로코피예프의 음악은 수많은 발레 작품을 탄생하게 하는 훌륭한 마중물이었다.

오늘날 '드라마발레'로 불리는 장르를 확립한 대표 안무가인 케네스 맥밀런은 영국 로열 발레를 기반으로 점차 유럽 전역으로 활동을 확장해 나갔다. 로열 발레학교에서 시작해 예술감독을 거쳐 수석안무가를 지내기까지 그의 작품 세계는 오롯이 로열 발레에서 구현됐다고 해도 과언이 아닐 정도. **마농·마이얼링·레퀴엠** 등 여러 편의 전막 발레가 좋은 평을 받았고, 이러한 작품은 서사를 토대로 한 풍부한 표현, 캐릭터의 내면과 심리를 꿰뚫는 통찰로 인해 오늘날 '20세기 고전'의 자리에 올랐다.

1965년 처음 발표해 초연 60주년(2025년 기준)을 맞이한 **로미오와 줄리엣**은 맥밀런을 대표하는 작품으로, 프로코피예프의 음악을 바탕으로 원전의 텍스트에 몰입해 캐릭터가 품고 있는 심리를 섬세하게 표현했다. 안무가는 주인공 두 사람이 특별한 것이 아니라 우리 사회를 살아가는 평범한 인물이라는 점을 강조하며 무대에 시대상이 드러나기를 바랐고, 16세기 르네상스 시절 이탈리아의 분위기를 온전하게 고증해 냈다.

맥밀런 프로덕션 **로미오와 줄리엣**에서 가장 뚜렷하게 드러나는 것은 스스로 운명을 개척하고자 나서는 여성의 면모다. 로미오와 줄리엣이 서로에게 사랑을 고백하는 발코니 파드되pas de deux는 심장이 터질 것 같은 에로틱한 감정이 충만한 장면으로, 무대 전체가 마치 이들의 공간인 양 격정적으로 누빈다. 창가로 찾아온 로미오를 지긋이 바라보던 줄리엣은 이내 결심한 듯 계단을 달려 내려오고, 두 사람은 나란히 손을 잡은 채 아주 천천히 객석을 향해 걷는다. 줄리엣은 남자의 손을 끌어다 자신의 심장 아래에 대며 사랑을 고백하고, 파드되를 추는 서로의 마음을 확인한 두 사람의 난도 높은 리프트lift 동작이 쉼 없이 이어진다. 그렇게 격정적으로 춤을 이어가다가도 잠시 화면이 정지된 듯 속도를 조절해 감정의 여운이 길게 남도록 만들고, 입맞춤과 같은 애정 표현을 동작 곳곳에 심어두어 그 설렘과 두근거림이 생생하게 전해진다.

'로맨스의 귀재'라 불러도 좋을 맥밀런은 관계와 감정의 농도를 차근차근 짙게 물들이며 죽음에까지 이르도록 작품을 전개한다. 2막 4장에서 비보를 듣고 달려온 로미오는 가사 상태인 줄리엣이 죽은 것으로 오해하고 비탄에 잠겨 현실을 부정하는 모습을 보인다. 이 장면은 춤춘다기보다 흡사 몸으로 싸우는 것 같은 격렬한 동작으로 구성되는데, 줄리엣을 껴안고 던지고 바닥에 굴리며 비통해하는 모습은 끝내 자신을 부정하는 데 이른다. 반면 로미오가 독약을 먹고 숨을 거둔 뒤 깨어난 줄리엣이 이 비참한 사태를 파악하고 단검으로 자결하기까지의 과정은 호흡을 고를 새도 없이 치닫는다. 사랑을 이뤄내기 위해 관에 들어가는 것조차 두려워하지 않은 것처럼, 줄리엣은 죽음만이 두 사람의 관계를 성립하고 나아가 이 세상에 새로운 의미를 부여할 수 있다고 믿은 것이다.

      맥밀런의 **로미오와 줄리엣**이 발표되고 어언 30년 뒤, 모나코 몬테카를로 발레의 예술감독이자 안무가로 활동한 장 크리스토프 마요 또한 1996년 동명의 작품을 발표한다. 내러티브에 충실하면서도 동시대의 발레 움직임을 탐구하며, 시각 요소와 뛰어난 음악성의 결합으로 오늘날에 어울리는 전막 발레를 완성해 온 그는 셰익스피어의 고전을 다루는 데도 능했다. 무채색 계열의 단순하고도 직관적 무대에 장면마다 높낮이와 위치를 달리하는 구조물을 놓았고, 무용수들의 의상은 특히 관능미를 부각해 디자인했다. 비극을 암시하듯 절규하는 선율로 시작되는 서곡에 맞춘 첫 장면에선 전체 서사를 요약해 보여주는 것이 프로덕션의 특징이다. 화자 역할의 사제가 두 남자와 함께 등장해, 두 팔을 엇갈려 얼굴을 감싸다 이내 자신의 목을 가르듯 팔을 교차하고는 빠르게 무대를 빠져나간다.

마요는 **로미오와 줄리엣**을 구성하는 키워드로 '사랑'과 '죽음'을 짚으면서, 특히 모든 비극의 원동력이자 그 필연성 때문에 선택하게 되고 나아가 존재에 의미를 부여하게 하는 죽음에 방점을 찍었다. 비단 사랑하는 연인의 죽음만 아니라 비극의 단초가 되는 머큐쇼의 죽음, 이로 인한 결투 끝에 초래하는 티볼트의 죽음, 연이은 로미오와 줄리엣의 죽음까지 그 절체의 순간들을 마치 영화의 미장센처럼 그려냈다.

맥밀런과 견주어볼 때 마요의 프로덕션은 전체 곡의 연주 속도를 원래 악보에 가까울 만큼 빠르게 해 작품 진행의 속도감을 높이는 한편, 안무에 익살스러운 요소를 다수 배치해 흥미로운 전개를 강조했다. 로미오와 그의 친구들이 여성 신체의 특징적 요소를 부각하는 동작을 반복하며 섹슈얼리티에 눈뜬 모습을 다소 우스꽝스럽게 그려낸 것. 또 발코니에 걸터앉아 지난밤 만난 로미오를 떠올리며 웃음 짓는 줄리엣의 소녀 같은 모습 앞에 로미오는 바닥을 뒹굴고 턱을 괸 채 바라보며 개구쟁이 소년처럼 애정을 드러낸다. 이렇듯 솔직하다 못해 너무나 직접적이고 사랑스러운 표현이 있기에, 오히려 그 후에 찾아오는 비극성이 더욱 짙어진다.

그런가 하면 발코니 파드되에선 무대장치가 상승하도록 해 고조되는 사랑의 감정을 직관적으로 드러내고, 마지막 장면에 이르러서는 줄리엣을 뉜 자리를 뾰족한 삼각형으로 표현해 로미오가 스스로 그곳에 찔려 죽는 것으로 장면을 연출했다. 이후 사제의 온기를 느끼며 가사 상태에서 깨어난 줄리엣은 살았다는 기쁨도 잠시, 자신 곁에 쓰러진 로미오를 보며 조금 전 벌어진 참극을 마주한다. 그 모습을 마주하기 어려웠던지 두 손으로 애써 로미오의 얼굴을 가리지만, 금세 무너져 내릴 수밖에. 줄리엣은 로미오의 몸에서 생명을 상징하는 붉은 천을 끄집어내고, 그것으로 자신의 목을 감아 숨을 거둔다. 삶과 죽음이 결코 분리된 것이 아님을, 오히려 한데 엉켜 있어 윤회한다는 사실을 거듭 생각하게 만드는 마지막 장면이다.

## '젊은이와 죽음' 이후
### 여전한 실존의 문제

　　바깥 풍경이 보이는 어느 옥탑방. 노란빛의 조명은 어쩐지 불안감을 일으키고, 청년은 자신을 옥죄는 고통에 몸부림친다. 책상 하나와 침대 하나, 그리고 자신 또한 홀로 있다. 그때 방문이 벌컥 열리고, 샛노란 드레스를 입은 여인이 등장한다. 성큼성큼 관능이 넘치는 매력을 풍기며 어느새 그의 곁에 다가온 여인은 청년을 짓누르고, 저항하다가, 끌어당기며 장악하기에 이른다. 그에게 사로잡힌 듯 청년은 어찌할 바를 모르고 온몸으로 절규한다. 자기

---

→　　젊음과 죽음이라는, 너무나 뜨겁고도 차가운 둘의 결합은 '질풍노도(Sturm und Drang)'를 일으킨다. 힘과 탄력이 넘치는 남성 무용수의 움직임은 걷잡을 수 없는 감정과 실존을 향한 욕구를 드러내고, 불안정한 심리 상태는 섬세한 근육의 움직임으로 관객에게 전해진다.

결정권을 잃은 그는 결국 여인을 따르고자 목을 맨다. 숨이 끊어진 후 무대 뒤로는 파리의 화려한 밤 풍경이 드러나고, 하얀 드레스에 붉은 천을 두른 여인이 등장한다. 청년이 사랑했던 그 여인은, 자신의 가면을 청년에게 씌우고 함께 지붕 위로 올라선다. 생을 끝내기로 결정했으나 실존의 문제는 여전한 채 막이 내린다.

20분이 채 되지 않는 단편 길이의 작품 **젊은이와 죽음**1946은 대중에게 영화 **백야**White Nights, 1985에 삽입된 바리시니코프의 춤으로 잘 알려져 있다. 제2차 세계대전 직후의 사회 분위기를 반영하고 있는 이 작품은, 모던발레의 거장으로 알려진 롤랑 프티가 겨우 스물두 살이던 해에 발표한 초기작이다. 작품 속 청년은 급진적인 사회 변화와 침체, 나치 독일의 침공과 해방에 이르기까지 그 시기를 몸으로 겪은 롤랑 프티 자신의 페르소나로 비치기도 한다.

시인이자 소설가로 당대 프랑스에서 전위적 예술가들과 함께해 온 장 콕토가 이 작품의 대본을 썼다. 젊은이들의 사랑과 꿈, 죽음에 많은 관심을 보인 그는 롤랑 프티에게 작품의 음악으로 재즈 대신 클래식을 사용할 것을 권했다고도 알려진다. 고전음악의 역사에서 변주와 대위법의 예술성을 극대화한 것으로 알려지는 바흐의 '파사칼리아와 푸가'를 택해 바로크 시대의 감각을 끌어올리고, 생과 사의 기로에 놓여 있는 청년에게 흐르는 위엄과 엄숙

함을 강조한다.

작품은 남성 무용수에게 테크닉 면에서 상당한 근력과 지구력을 요구한다. 반복해서 돌고 뛰고, 자주 거꾸로 서게 하며, 아슬아슬하게 의자를 밟고 넘어서거나 좁은 책상 위에서 물구나무를 서기도 한다. 그래서 관객은 작품을 감상하는 내내 짜릿함과 긴장이 교차하는 순간을 경험하게 된다. 그렇다고 해서 테크닉이 전부를 차지하는 건 아니다. 이 소품작의 매력은 남녀 무용수의 팽팽한 심리전에 있다. 고뇌하는 남성과 유혹하고 파멸하게 만드는 여성. 특히 짧은 단발머리를 하고 등장해 담배 연기를 뿜어대는 여성의 모습은 롤랑 프티가 자신의 작품 세계에서 꾸준히 추구해 온 팜파탈의 전형을 보여준다.

작품 전체를 이루는 서사는 뚜렷하지만 춤은 추상적으로 나타나며, 다만 무대 곳곳에 배치된 요소가 작품을 읽는 힌트가 된다. 침대 옆의 벽에는 기이하게 잘린 한쪽 팔 모형과 추상화 한 점, 그리고 팔레트와 붓이 걸려 있다. 천장에서부터 길게 늘어지는 붉은 천은 어쩐지 불안한 생의 감각을 강조한다. 청바지 차림은 젊음과 노동을 상징하고, 오지 않는 연인을 기다리는 초조한 마음은 부질없이 손목시계의 초침 소리에 자꾸만 귀를 가져다 대는 행동으로 드러난다.

청년이 죽고 나서야 드러나는 파리의 풍경에는

'가솔린GAS', '시트로엥CITROEN'이라는 글자가 화려하게 빛을 발하고 있다. 제조업 부흥을 자랑한 자동차 기업 시트로엥이 1925년부터 1934년까지 에펠탑 전면에 수만 개의 전구를 달아 광고하던 호시절을 빗댄 것이다. 창문 하나 없이 굳게 닫힌 방 안에서 실존을 고민하던 청년이 스스로 생을 중단하기로 결정하는 동안, 바깥세상은 속절없이 눈부시게 빛나고 있었다.

## 죽음마저 감내한
## '지젤'의 사랑이란

처음 만난 청년과 한눈에 사랑에 빠진 지젤이 마을 친구들과 함께 한바탕 놀이를 벌이는 1막의 장면. 가볍게 팔짱을 낀 채 지젤과 알브레히트는 서로를 향한 시선을 거두지 못하고 장난기와 설렘이 가득한 춤을 이어간다. 낌새를 알아챈 지젤의 엄마가 등장해 땀이 송골송골 맺힌 지젤의 이마를 닦아주고, 딸아이의 심장에 귀를 가져다 댄다. 선천적으로 심장이 약한 지젤에게 언제나 춤추지 말라고 이야기해 온 엄마는 어쩐지 걱정이 앞선다. 그러나 그것이 비단 춤 때문만일까. 이미 터져나갈 것처럼 심장을 박동하게 하는 사랑이 지젤에게 찾아와 버린 것을.

꿈과 환상, 초자연을 향한 이상향을 품은 낭만 발레의 대표작 **지젤**[1841]은 선천적으로 심장이 약하게 태어났으나 숨 가쁘게 춤추기를 좋아했던 시골 소녀 지젤의 짧고도 비극적인 사랑을 다룬다. 신분을 숨긴 채 마을에 들어선 귀족 알브레히트에게 첫눈에 반하지만, 이후 그의 정체를 알게 되고 그 사랑이 진심이 아니었다는 사실에 충격받아 숨을 거두게 된다는 이야기다. 결혼식을 치르기 전 죽은 젊은 여성들의 혼령 윌리로 둘러싸인 무덤가. 알브레히트는 지난 사랑을 그리워하며 이곳을 찾는데, 그 마음이 얼마나 지고지순했는지 지젤은 죽어서까지 그를 지키고자 또 춤을 춘다는 이야기다.

독일 어느 시골 마을의 민속적 정취를 물씬 드러내는 이 작품은 '금기된 춤'에 관한 즐거움이 가득하다. 마을 처녀들은 끊임없이 왈츠를 추며, 축제가 펼쳐지고, 모두가 서로에게 춤추기를 권하는 모습이다. 첫 등장부터 무대를 크게 한 바퀴 돌며 시원스럽게 발로네ballonne 동작을 반복하는 지젤의 모습을 보자. 깨끗하고 담박한 춤에 캐릭터의 성정이 고스란히 드러난다. 아무리 선천적인 질병이 가로막는다 한들, 삶의 기쁨 그 자체인 춤을 어찌 멈출 수 있으랴. 그러나 결국 그 춤은 순수하기 그지없는 지젤을 죽음으로 몰고 간다. 다만 그것은 춤 때문이라기보다, 한 사람과 사랑에 빠지며 경험한 두근거림, 충만한 기쁨, 그리고 연인의 배신으로 인해 충격에 이르는 과정에서 비롯되는 불확정적 심장박동에서 기인한 것일 터. 죽을 수 있다는 것을 알면서도 춤추기를 멈추지 않은 지젤이 품은 사랑은 생각만큼 단편적인 것이 아닐지도 모른다.

작품에서 남녀의 애정 전선은 아돌프 아당이 작곡한 뛰어난 선율로 인해 쉽게 파악할 수 있지만, 지젤의 진심 어린 사랑의 양상은 공연이 막을 내릴 때야 파악할 수 있다. 축제 분위기로 가득한 1막이 아니라, 오히려 무채색 윌리들이 등장하는 2막 무덤가야말로 미처 다하지 못한 사랑을 발견하는 공간이 되니 말이다. 윌리들에게 춤은 무덤가를 찾은 남성을 단죄하는 수단이다. 뛰고 돌기를 반복한 끝에 지쳐 쓰러지게 만드는 과정을 통해 남성에게 되묻는다, 진정이었느냐고. 춤은 관계와 그에 깃든 진심을 다시 생각하게 하는 절차이자 수단이 된다.

그렇게 무덤가를 찾은, 생전 자신의 연인에게 상처를 남긴 남성들은 모두 춤추다 지쳐 생을 마감하게 된다. 그러나 예외가 있으니, 주인공 지젤의 경우다. 지젤은 자신을 추모하기 위해 무덤가를 찾은 알브레히트와 마주하고, 미르타는 모두에게와 마찬가지로 동이 틀 때까지 쉼 없이 춤출 것을 명한다. 고개를 숙이고 명령에 따르되 자신이 생을 다해 사랑한 그를 감싸고자 춤을 멈추지 않는 지젤의 미친 몸짓은 도리어 그의 배신이 가져다준 충격으로 인해 미쳐가던 1막의 마지막 모습과 겹친다. 순수하게 마음을 다했으나 그 끝에 마주하게 된 고통마저 지젤이 감내한 사랑이었을까. 어쩐지 알브레히트의 춤 또한 손에 잡힐 듯 잡히지 않는 허상을 붙잡고자 계속해서 어긋나는 모양새다. 결국 비극이 벌어지고 나서야 그 사랑의 진정한 의미를 발견하게 된 알브레히트를 통해 보이지도, 잡히지도 않는 여성의 헌신이 부각된다. **지젤**을 그저 남녀의 비극적 사랑으로 바라본다면 그 맑디맑은 춤과 고고하다 못해 서슬 퍼런 여성의 춤은 의미가 퇴색된다. 오히려 기꺼이 죽기를 겁내지 않은 지젤의 춤은 끝내 생이 소멸하고 사랑했던 존재마저 사라지고 나서야 다시금 소생하는, 그럼으로써 가능한 사랑을 보여준다.

**무너질 때 비로소 시작되는 사랑이란**

첫눈에 반하는 것이 사랑의 조건이 될 수 있을까? 행복한 결말 혹은 비극적 맺음만이 '사랑'이라는 이름으로 불릴 수 있는 것일까? 철학자 알랭 바디우는 두 사람이 만나 세계가 새롭게 열리는 순간을 사랑으로 보았다. 사랑이라는 감정 혹은 그 관계를 바라보는 관점이야 일일이 열거하지 못할 만큼 다양하지만, 이를 낭만성으로 여기는 것이 아니라 나의 삶을 이전과 다르게 만드는 사건이 발생하는 변곡점으로 본 것이다.

우연한 만남으로 시작된 관계가 한순간의 감정에 그치지 않고 차이를 견디며 함께 세계를 열어가려는 노력 끝에 기존에 나를 이루던 세계에 틈이 생기고, 그로부터 새로운 가능성이 시작된다. 나를 중심으로 바라보던 세계가 전에 없던 누군가와 만남으로써 그 시선을 나란히 할 때 비로소 시작되는 다음의 가능성. 서로를 인식하고 공존하면서도 그 차이를 견디며 손잡고 나아가는 것이야말로 사랑이라 할 수 있을 것이다.

그러나 흔히 사랑 이야기로 불리는 작품에서 낭만적 감정을 제외하고 이야기하는 것이 가능할까. 다양한 인간 정서가 복잡다단하게 얽혀 있는 감정의 총체이자 시대와 언어를 초월해 공유할 수 있는 보편적 감정이라는 점에서 사랑은 감각과 형식이 어우러지는 예술에서 당연하게 다뤄온 주제다. 게다가 발레라는 장르 안에서 사랑은 드라마를 더욱 풍성하게 하는, 너무나 훌륭한 마중물 아닌가. 그러니 이 오래된 예술 형식 안에서도 존재론적 사랑을 읽어낼 가능성은 분명하다. 20세기 후반 서로 다른 미감을 보여주며 새로운 발레의 가능성을 확장한 **오네긴**과 **공원**을 통해 그 사건을 바라본다.

## 너무나 다른 세계가 부딪히면
### 드라마발레 '오네긴'

지금으로부터 무려 60년 전, 존 크랭코가 1965년 슈투트가르트 발레에서 초연한 **오네긴**은 원작인 푸시킨의 서정시도, 차이콥스키의 오페라와도 깊은 관련성이 없는 독특한 발레다. 작품을 발표하기에 앞서 1952년 새들러스 웰스 오페라의 **예브게니 오네긴**에서 안무를 맡은 크랭코는 오랜 시간 '예브게니 오네긴'을 무대에 올리고자 노력한 끝에 발레 작품을 완성했다. 푸시킨의 텍스트를 가져왔지만 주인공에게 향하는 조명을 분산해 개별 인물을 통해 드러나는 다양한 감정을 두루 비추고자 했고, 동명의 오페라를 제외하되 차이콥스키의 여러 음악을 선택해 편곡하는 방식으로 발레를 위한 음악을 만들었다.

근대기 발레에 표현을 위한 극적 형식을 도입한

발레닥시옹-ballet d'action의 창시자이자 슈투트가르트 발레 초기 시절을 이끈 장 조르주 노베르의 계통을 이어받아 극적인 발레를 추구해 온 크랭코는 특히 캐릭터의 심리를 분석해 한 편의 드라마로 완성하는 데 뛰어난 재주를 보였다. '춤이란 삶 그 자체를 드러내는 것'이라는 예술관처럼 인간의 삶이란 그에게 어떤 주제보다 친연성을 띠는 것이었다. 그리하여 그가 슈투트가르트 발레에서 발표한 여러 작품 가운데 **로미오와 줄리엣**1962·**오네긴·말괄량이 길들이기**1969 등 3부작은 지금까지도 가장 성공한 작품으로 꼽힌다.

       오늘날 발레 **오네긴**은 20세기에 상기할 만한 드라마발레로 언급되지만, 사실 크랭코의 작품이 발표되기 전까지 발레 작품으로 논의조차 되지 않던 텍스트였다. 푸시킨의 소설 구조 자체가 전막 발레로 만들기에 그리 매력적이지 않았을뿐더러, 당시 러시아 지식인에게 드리운 음울한 그림자를 정면으로 마주하고 있어 자칫 관객조차 그 감성에 잠식되기 쉬운 이야기였으니 말이다. 그러나 크랭코는 도전했고, 발레로는 드물게 남성 주인공의 이름이 제목으로 붙은 작품을 완성했다. 관객은 자연스레 여성 주인공인 타티아나가 경험하는 첫사랑의 감정에 주목하겠지만, 이 작품에서 우리가 집중해 바라봐야 할 것은 각 인물의 선택, 그리고 관계다. 오네긴과 타티아나, 렌스키와 올가는 각각 사랑을 연결고리 삼아 주요하게 얽혀 있지만 서로 다른 선택을 하는 인물이다. 이들이 사랑이라는, 같음 안에서 서로의 차이를 받아들이는 과정은 각자에게 완전히 다른 양상으로 나타난다.

　　작품의 타이틀롤 '오네긴'을 보자. 젊은 시절 모든 것을 누리고 경험한 탓에 삶이 무료하고 도시 생활에 권태를 느껴 시골로 들어온 귀족. 고상해 보이는 자태 뒤로는 오만함이 뒤섞여 비친다. 1막에서 남녀 주인공이 추는 첫 파드되는 사실상 2인무라고 하기보다 오네긴의 춤에 타티아나가 스텝을 더하는 정도로 그려진다. 그는 타티아나가 읽고 있던 책이 고전이나 철학서가 아니라 겨우 연애 소설이라는 데 눈썹을 찡긋거리고, 춤을 추다가도 종종 허무주의자처럼 허공을 응시하며 알 수 없는 걸음을 재촉하곤 한다. 타인의 관심에도 불구하고 자신을 전혀 열지 않으려는 모습, 주변은 없고 오직 내 세계만 존재하는 그의 춤은 그래서 파드되임에도 불구하고 파트너와의 '케미chemistry'가 전혀 느껴지지 않는다.

　　시골 생활마저 싫증 난 오네긴은 타티아나의 생일 파티에서 그녀를 매몰차게 밀어내고 더욱이 여동생 올가에게 접근하는 추태를 부린다. 탁자를 두 손으로 내려치며 벌떡 일어나거나 의미심장한 미소를 지은 채 빠른 리듬으로 올가와 스텝을 맞추는 모습은, 귀족이라는 근사한 호칭 뒤에 가려진 그의 이중적인 모습을 보여준다. 사랑을 치

기 어린 감정 혹은 환상으로 치부하고, 매사 진지하지 못하고 장난치기 일쑤다. 그런 오네긴이기에 세월이 흐른 뒤 마주한 자신은 여전히 그 시절에 정체해 있다. 뒤늦게 후회하며 감정에 호소해 보지만 이미 삶의 깊이가 무르익은 타티아나에게 진정으로 가닿을 리 없다. 1막 파드되에서 허리 한번 굽히지 않은 채 먼 곳을 바라보며 춤추던 그가 3막 침실 파드되에선 무릎 꿇은 채 바닥에 가깝도록 낮은 자세로 움직이며 감정을 직설적으로 표현한다. 그제야 삶의 의미를 찾은 남자의 회한만이 가득할 뿐이다.

      그에 비해 자신의 감정에 솔직하고 순수하며 마음이 향하는 대로 다가가기를 주저하지 않는 타티아나의 모습을 본다. 여느 발레 작품의 주인공과 달리 바닥에 엎드려 책을 읽는 모습으로 무대가 시작된다. 비록 책 읽기 외에 세상을 향한 관심은 소박하지만, 타티아나는 타인의 감정에 공감할 줄도 자신의 마음을 당당하게 표현할 줄도 안다. 1막이 진행되는 동안 당당하기만 한 오네긴과는 너무나 대조적이게도 타티아나는 타인의 모습을 그 자체로 받아들이는 소녀로 그려진다. 하지만 그것이 자신

---

←     세월이 흐른 뒤 재회한 오네긴과 타티아나의 침실 파드되에는 세월의 깊이에서 비롯하는 기품을 배경 삼아 순간의 감정과 진정 사이에서 고뇌하는 몸짓이 깊게 배어 있다. 마음을 다해 껴안고 밀어내는 춤은 결코 함께 나아갈 수 없는 두 세계의 충돌을 보여준다.

의 세계가 단단한 자만이 드러낼 수 있는 태도라는 것을, 3막에 이르기까지 점차 원숙미를 더해가는 타티아나를 보며 알게 된다. 그녀의 춤은 유려한 테크닉보다는, 감정 표현은 최대한 절제하면서도 가벼운 발롱ballon과 안정감을 보여주는 밸런스, 간결한 포르드브라port de bras가 특징적으로 드러난다.

**오네긴**은 1막 2장으로 전환하면서 본격적으로 이야기가 전개된다. 타티아나는 자신에게 찾아온 사랑의 감정을 온전히 받아들이고 한껏 기뻐한다. 그 내재한 마음이 드러나는 장면이 유명한 거울 파드되다. 여기서 타티아나는 앞선 1장의 춤보다 훨씬 커진 동작과 과감한 파트너십, 표정 연기로 화답한다. 본래 타티아나가 고백 편지를 쓴다는 원작의 설정에 극적인 장치를 더해, 자신의 숨겨진 내면으로 상징되는 거울 안에서 오네긴이 걸어 나와 함께 춤추도록 설정했다.

2막이 시작되면, 타티아나의 마음에도 불구하고 오네긴은 그녀 앞에서 편지를 무참히 찢어버리는 것으로 자신을 향한 애정을 거부한다. 이후 오네긴의 치기 어린 행동으로 처참한 사건이 벌어지고, 두 사람은 세월이 한참 흐른 뒤 다시 마주한다. 그 시절 순수하기만 하던 소녀의 모습은 어디 가고, 붉은 드레스를 입은 우아한 공작 부인이 그레민 공작 가문의 무도회 가운데 서 있다. 그리고 타티아나 부인 앞에는 자신의 인생에 다시는 등장하지 않을 것 같던 남자와의 재회가 벌어진 것. 오네긴의 편지에 흔들리기는 하지만 그레민 공작과의 관계에 충실할 것을 다짐하는 타티아나의 춤에는 비감이 흐른다. 앞선 파드되와 달리 그레민 공작 부부가 합을 맞출 때의 리프트 동작에는 깊은 신뢰에서 비롯하는 단단함이 어려 있다.

이윽고 마지막 파드되, 여전히 가볍기만 한 오네긴과 달리 타티아나의 춤에는 기품과 진정이 깃들어 있다. 갑작스러운 첫사랑의 등장에 혼란스러운 감정을 드러내듯 이들의 파드되에는 돌고 뛰고 들어 올리는 동작이 숱하게 포함돼 있다. 거리낌 없이 마음을 다해 껴안고, 거부하고, 밀어내며 무대 전체를 누비는 춤은 세월이 흘렀으나 결코 함께 나아갈 수 없는 두 세계의 충돌을 보여준다. 차이콥스키가 단테의 '신곡'에 등장하는 간통 행위를 토대로 작곡한 환상곡 '프란체스카 다 리미니Francesca da Rimini'를 이 파드되에 선곡한 것은 필연일지도 모르겠다.

**만약 거절하신다면,**
**그래도 전 감사할 겁니다.**
**당신을 알고, 당신을 사랑한 이 감정이**
**제 삶에 단 하나의 진실이었으니까요.**

오네긴의 행동에 타티아나의 마음이 곁드는 듯한 1막 1장의 파드되, 아마도 사랑이 이뤄졌더라면 이토록 격정적이었을 1막 2장 거울 파드되, 남녀 춤의 밸런스를 보여주는 3막 1장 그레민 공작과 추는 파드되, 끊임없이 어긋나며 미끄러지는 미감의 3막 2장 침실 파드되까지. 주인공을 중심으로 계속해서 전환되는 남녀의 파드되는 서로 다른 세계가 만나 어떻게 공존할 수 있는지 보여준다. 적당한 간격을 유지한 채 자신을 흩트리지 않고 박자를 맞춰가는 춤, 마치 한 호흡처럼 유려하게 엉키는 춤, 밀고 당기며 갈등하듯 어긋나는 춤 모두 사랑의 여러 형상 아닌가. 음악이 더해진 움직임, 곧 춤은 인물의 표현 자체가 되어 내면세계를 드러낸다. 그리하여 너무나 유명한, 막이 내리기 직전 타티아나의 절규 장면은 오히려 붕괴함으로써 새롭게 열리는 세계를 보여준다.

# 이윽고 이성의 성벽이 무너질 때
## 컨템퍼러리발레 '공원'

'오늘날 사랑이란 무엇인가?' 이런 질문을 던지며 시작한 안무가는 프랑스 특유의 우아함을 잃지 않으면서도 사랑이라는 사건에 감응하는 다채로운 풍경을 무대 위에 펼쳐놓았다. 1994년 앙줄랭 프렐조카주가 파리 오페라 발레를 위해 창작한 **공원**은 에로티시즘을 극대화하는 한편, 당신이 생각하는 사랑이란 어떤 것인지 질문을 던진다. 특히 클래식발레를 오랫동안 훈련해 온 무용수의 몸으로 구현할 수 있는 섬세한 미감이 돋보이는 작품이다.

제목에서 유추할 수 있듯 궁전 혹은 어느 저택의 훌륭한 정원이 무대의 배경이 된다. 현대적으로 재해석된 프랑스식 정원이 세련된 모습으로 펼쳐지고, 이와 대조적이게도 무용수들은 계몽 시대의 복식을 갖추고 등장한다. '이성의 시대'라고 해서 남녀 간에 마음이 오가는 환경조차 달랐겠느냐마는, 안무가는 그 시기에 심취했던 것이 틀림없다. 프렐조카주는 '위험한 관계', '클레브 공작부인', '크렐리', '사랑과 우연의 장난' 등 프랑스 문학을 모티프 삼아 17-18세기 유럽을 지배한 사랑의 풍경을 현대적으로 그려냈다. 문학에서 발견한 몸과 마음, 나아가 이성까지 온통 휘저어버리는 위험한 사랑의 여정을 공공의 정원인 공원에 펼쳐둔 것이다.

이곳에서 당신은 꿈에 그리던 로맨스를 이룰 수 있을까? 그동안 이상적이라 꿈꿔온 사랑은 어떤 모습이었을까? 감정의 유대일까, 지성의 대화일까, 혹은 신체의 결합일까? 동경하던 사랑이 다가온다면 당신은 어떻게 움직일까? 작품은 고리타분하게 여겨지는 시대상을 오히려 당당하게 드러냄으로써 시간을 초월해 우리가 사랑을 위해, 사랑에 의해 무엇을 할 수 있는지 질문한다. 1장 '유혹', 2장 '저항', 3장 '항복'… 남녀 주인공의 파드되에 붙은 표제는 관객에게 점점 더 깊은 질문을 던진다.

정치·사회·성·종교 등 주제를 거침없이 다뤄온 프렐조카주의 작품 세계는 다소 거칠다고 할 정도로 그 모습을 가감 없이 드러내 왔다. 전작 **봄의 제전**2001과 **결혼**1989에서는 여성에 대한 폭력성을 거칠게 표현하는 한편, **메데아의 노래**2004와 **로미오와 줄리엣**1990/1996에서는 사회적 소수로서의 여성을 조명했다. 마태복음 구절에서 제목을 가져온 **MC 14/22**2001는 타자에게 행할 수 있는 것과 사람과 사람 사이의 관계를 상기한 작품이며, **그리고, 천 년의 평화**2010에서는 다양한 오브제를 사용해 국가와 민족이 갖는 의미를 이야기하며 혼란스러운 현 사회에 일침을 가했다.

   그런 그의 작품 세계를 대변하는 몇 개의 키워드를 꼽는다면 '에로티시즘'을 빼놓을 수 없을 것이다, 그에게 브누아 드 라 당스Benois de la Danse 수상의 영예를 가져다준 **공원**은 특히 감각적이고 관능적인 움직임의 아름다움이 돋보인다. 의도하든 그렇지 않았든 공원에서 마주치는 수많은 남녀, 처음 만난 이들이 주고받는 시선이 사랑으로 발전하는 과정을 격정적으로 그려냈다. 담담하지만 감성적으로 흐르는 모차르트의 피아노곡에 어우러지는 프렐조카주의 안무는 마치 한 폭의 수채화를 완성하듯 사랑의 감정을 농밀하게 물들여 간다.

   첫 장면에 등장하는 네 명의 정원사는 작품 곳곳에 배치돼 각 장의 이야기를 이어주고, 현대와 고전의 경계를 넘나드는 역할을 수행한다. 1장에선 공원을 거닐며 마주치는 사람들의 모습이 그려지는데, 남녀가 서로 대치한 채 춤을 추는 장면은 마치 연애 예능 프로그램에 출연한 이들을 관망하듯 미묘한 분위기만이 흐를 뿐이다. 각자의 춤에 충실하던 남녀는 서로에 대해 조금씩 관심을 두기 시

작하는데, 무심한 척 외면하지만 눈빛은 이미 이성을 향한 호기심으로 반짝이고 있다.

이어지는 모차르트의 독일 춤곡에 맞춰 서로의 매력을 발산하는 군무에선 작곡가 특유의 스타일을 활용해 재치 넘치는 안무를 완성했다. 조용히 눈길만 주고받던 주인공 남녀는 파드되를 이루지만, 소맷자락조차 스치지 않고 각자 자신의 춤을 추기만 한다. 아직은 어색한 이들 사이에 모차르트 피아노 협주곡 14번이 덤덤히 흐르고, 무대 뒤로 빨갛게 노을이 내려앉는 것으로 '유혹' 파드되가 끝이 난다.

2장이 시작되면 풍성한 바로크식 드레스로 한껏 화려하게 꾸민 여인들이 등장한다. 자지러질 듯한 웃음소리와 들뜬 표정에 갓 연애를 시작한 두근거림이 출렁인다. 푸른 하늘을 배경으로 몇 개의 기둥이 세워진 무대에서 남녀의 술래잡기가 펼쳐지고, 여인들은 자신을 감싸고 있던 단단한 모양의 드레스를 벗고 속옷 차림의 스커트를 나풀거리며 한껏 끼를 부린다. 프렐조카주 특유의, 발레 동작의 형식을 깨뜨려 자유분방함을 더한 움직임이 특징적으로 드러난다.

← 드레스를 벗어 던지고 자유롭게 춤추는 여인들과 자신에게 일렁이는 감정 변화가 두려운 주인공. 반듯한 자세를 유지한 채 제자리에 곧게 서 있지만, 눈빛을 보라. 어쩐지 마음은 어딘가를 향해 움직이는 것 같다.

한바탕 군무가 끝나면 정원사들의 손에 이끌려 온 여인이 다시금 남자와 마주한다. 2장의 파드되는 '저항'이라는 이름처럼 앞선 '유혹'과는 다른 모습을 보여준다. 그런데 남자의 적극적인 구애에도 불구하고 여인은 시종일관 무심하기만 하다. 마음은 끌리지만, 무엇 때문인지 애써 거부하려는 모습이다. 이 장면에서 프렐조카주는 피아노 협주곡 15번 '안단테'를 배경음악으로 사용해 남자는 피아노 선율에, 여자는 오케스트라 선율에 따라 춤추도록 배치했다. 조화를 이루되 협주곡을 자신의 페이스로 이끌어가는 피아노 연주처럼 남자 역시 춤의 '밀당'을 주도하지만, 적극적인 구애에도 불구하고 그를 받아들일 준비가 되지 않은 여인은 상처만 남기고 떠나버린다.

어둠 속 별빛만 반짝이는 3장은 작품에서 가장 아름다운 장면으로 손꼽힌다. 남자를 찾아온 여인은 그의 앞에서 자존심으로 여겨지는 드레스를 벗어 던지고 진심을 받아들인다. 망설임 없이 자신을 내려놓고 온몸으로 정열적인 사랑을 시작하는 이 파드되에 프렐조카주는 '항복'이라는 이름을 붙였는데, 모든 상황을 잊은 채 오로지 그 감정에 충실한 남녀의 모습은 어느 장면보다도 매혹적이다. 여러 춤 작품에 즐겨 사용되는 피아노 협주곡 23번 '아다지오'가 흐르는 이 파드되는 정적이기에 남녀의 감정을 더욱 강렬하고 에로틱하게 드러내는데, 이는 사실상 육체 관계를 표현한 것이기도 하다. 특히 여자가 입을 맞춘 채 남자에게 매달려 회전하는 장면은 작품을 대표하는 세기의 명장면.

완전하지 못한 두 사람이 만나 완전함에 가까운 하나를 만들어가는 것이라는 관념은 사랑을 환상 안에 가둬놓았다. 상대의 행동은 나를 어긋나게 만들지만, 그 과정을 함께 겪으며 나의 일상은 변화하고 충만해지며 점차 진리에 가닿는다. 작품을 이루는 플롯이 사랑이라는 사건을 포착하기 좋게끔 드러낸다면, 무용수의 움직임은 개별 세계가 무너지고 새롭게 열리는 과정을 섬세하고도 진실되게 보여준다. 자신을 감싸고 있던 화려한 드레스에서 빠져나와 솔직하고 내밀한 몸으로 춤추는 그 순간에 우리는 새로운 세계가 열리는 풍경을 마주한다.

무대라는 세계를 지각하는 주체, 몸

무대 위에 선 몸은 보여주는 몸에서 벗어나 자신만의 리듬을 찾을 수 있을까? 아니, 오히려 보여주는 몸 이야말로 무대 위의 몸에 주어진 정체성일까?

유럽 궁정과 귀족사회에 뿌리를 둔 발레나 오페라를 보고 있으면 우리가 살아가는 시대와 동떨어진 것 같은 느낌을 받곤 한다. 예술은 시대상을 반영하고 또 우리 사회에 비추는 거울로 작용하기에, 작품은 또한 당대의 사조와 취향을 담고 있다. 오늘날 '클래식발레'라는 사조로 묶이는 여러 작품을 다시 보자면, 조금 과장해 마치 무대장치의 일부처럼 대상화된 객체로 전락해 버린 무용수의 몸을 발견하게 된다. 19세기 고전발레는 여성의, 여성에 의한, 여성을 위한 예술 양식이라 해도 과언이 아니지만 여성 무용수의 존재는 대상에 지나지 않을뿐더러, 남성 무용수는 발레리나를 들어 올리기 위한 존재로 치부될 정도였으니 말이다.

역설적으로, 춤은 무용수의 몸을 통해야만 한다. 몸은 이 세계를 살아가는 주체이며, 살아가는 방식 자체다. 무용수는 예술을 위해 도구가 될 수 있는 몸을 갖고 있고, 그 몸은 타자의 시선에 의해 대상화되기 전에 이미 세계 속에서 행위하고 감응하는 실존적 기반이다. 무용수는 자신의 몸으로 작품을 체현한다. 이야기에 적힌 내용, 언어에 부여된 의미, 안무로 상징화된 감정과 캐릭터의 성격을 구체적 행동으로 표현한다. 캐릭터 자체가 되기 위해서 종종 무용수의 현상적 신체는 잊히고 사라지기도 한다.

마르그리트와 카르멘은 세상 사람들이 자신을 일컫는 이름에 가려진 진실한 주체를 몸으로 구현한다. 상류층을 위한 고급 매춘부 혹은 정부를 일컫는 '코르티잔courtesan'을 바라보는 뻣뻣한 시선과 반대로, 마르그리트는 권력을 가진 타자에게 의존하지 않는 자기 결정을 통해 주어진 운명을 개척하고, 주체로서 '나'를 바로 세운다. 세상을 유랑하는 집시이지만 성애적 관계나 남성 존재에 얽매이지 않고 마음이 따르는 대로 자유를 만끽하면서도 결정에 후회하거나 합치에 목매지 않는 카르멘 또한 마찬가지다. 사회적 약자로서 다른 사람의 시선에 의해 대상화된 상태였던 이들의 몸은 비로소 사회·문화·제도적 규범에서 벗어나 무대 위에 현존한다.

기표로서 몸이 아닌 수행의 장으로 작동하는 몸은 규범을 전복하는 가능성을 지닌다. 정해진 틀 안에서 규정된 몸을 새롭게 정의하고 구성해 다음 가능성을 제시하는 것. 보여주기 위한 무대와 그곳에 실존하는 몸 사이에서 균형을 잡고자 하는 부단한 움직임은 몸이 주체로 존재하기 위한 방식을 탐구한다. 발레라는 메소드의 수행을 통해 규범화된 몸은 스스로 균열을 일으키고 불완전한 상태에 놓이면서 무대라는 허상과 현실 사이를 넘나든다.

오늘날 무용수는 자신만의 방법으로, 오롯이 자신의 몸을 통해 다시 한번 사건을 발생시킨다. 춤의 대상이 아니라, 무대라는 세계를 지각하고 그 세계 안에서 살아가는 방식 자체가 된다. 몸은 도구도, 매개도, 표현 방식도 아닌 공연 행위의 주체, 나아가 삶의 장이 된다. 무용수의 현존은 무대라는 공간을 지배하고 관객의 주목을 이끈다. 네모난 프로시니엄 무대 위 관객의 시선에 갇힌 수동적 대상이 아니라, 이 세계에 대한 실존적 개입이 이뤄지는 장소로 거듭나게 한다. 주장하고, 거부하고, 느끼고, 흔들리며 정해진 질서에 균열을 내는 능동적 실천의 주체로 바로 선다.

# 카르멘의,
## 누구에게도 얽매이지 않을 자유

오늘날에도 인기가 여전한 작품이 여럿 있지만, 그중 여전히 동시대적 소구력이 이해되지 않는 작품이라면 **카르멘**을 꼽고 싶다. 이 작품은 19세기 스페인 세비야를 배경으로 하는 동명의 이야기를 바탕으로 한 조르주 비제의 오페라로 잘 알려져 있는데, 자유분방하게 살아가는 집시 여성과 그에게 집착하다 파멸하는 남주인공 돈 호세의 한때를 그린다. 상기할 부분이라면, 여주인공 카르멘이 세간의 시선에도 개의치 않고 누구에게도 얽매이지 않은 채 자유를 최우선 가치로 삼아 자신의 삶을 가꿔나간다는 점 아닐까. 그럼에도 불구하고 병적인 사랑으로 치달아 충동적으로 여성을 살해하고마는 결말은, 자신의 욕망에 따라 주체적으로 살아가는데도 끝내 스스로 삶을 매듭짓지 못하게 만드는 시대상을 보여준다.

작품에 관해 비슷하게 공감했다면, 롤랑 프티의 모던발레 **카르멘**1949을 함께 보자. 너무나 잘 알려진, 조르주 비제의 동명 오페라 **카르멘**을 바탕으로 안무가가 자신의 뮤즈 지지 장메르를 위해 만든 것으로 알려진다. 발레 테크닉을 토대로 하지만 표현에 있어 과감하게 클래식발레의 규범을 무너뜨리고, 에로틱한 분위기를 강조하며, 스페인풍 마임과 연기를 더해 '카르멘'이라는 여성이 내포한 독립적인 여성상을 끌어올렸다. 겨우 손등 정도 스쳤다는 이유로 화들짝 놀라는 클래식발레의 여주인공은 이 작품에서 더는 찾아볼 수 없다.

이곳 담배 공장의 여공들은 코르셋에 겨우 한 뼘 남짓한 길이의 짧은 프릴이 달린 관능적인 의상을 입고 다리 전체를 드러낸 채 등장한다. 개성 넘치는 헤어스타일도 빼놓을 수 없다. 색색이 불을 밝힌 이곳 공간은 흡사 카바레를 떠올리게 한다. 단발머리가 잘 어울리는 카르멘에 '팜파탈'이라는 수식어가 붙은 것도 당연지사. 롤랑 프티의 작품에서 무용수들은 마치 핀업 걸pin-up girl 같은 모습으로 나타나 골반을 거침없이 흔들고, 한편으론 발레의 상징과 같은 아라베스크arabesque 각도를 줄여 낮고 무겁게 회전한다. 두 팔은 길게 뻗기보다 분절해 동작을 만들기도 한다. 마치 투우 경기장에서 펼쳐지는 장면을 보는 것처럼 정

수리를 맞댄 채 힘으로 맞서는, 다소 원초적 풍경도 작품의 일부로 엿볼 수 있다.

5장 구성에 전체 40여 분 길이의 중편 작품이지만 카르멘과 돈 호세의 침실 파드되는 핵심이 되는 장면으로, 갈라 공연에서도 종종 독립적인 구성으로 만날 수 있다. 담배를 나눠 피울 정도로 육체적으로 친밀한 사이, 길고 아름답게 뻗은 두 다리를 휘저으며 관능적 매력을 극대화하는 이 파드되의 매력은 '밀당' 수준이 아니라 남녀가 힘겨루기 하듯 대결하며 춤춘다는 데 있다.

첫 장면, 창문 너머 바깥을 내다보고 있는 카르멘에게 다가간 돈 호세는 블라인드를 내리고 자신에게 집중하라는 듯 그녀를 바라본다. 그러한 상황이 지루한 듯 기지개를 켜는 카르멘에게 자연스럽게 접촉하는 돈 호세, 이미 관계한 사이이건만 카르멘은 쉽게 손대지 말라며 손길을 거부한다. 그리고 춤추는 내내 두 사람의 호흡은 애정이라기보다 애증에 가까운 형태로 전개된다. 어떤 동작도 쉽게 풀기보다는 한 번 더 꼬았다가 펼치는 방식을 택하며, 리프트 동작도 상당히 어려운 것이 특징이다.

일반적으로 클래식발레에선 남녀 주인공이 사

← 무용수의 몸은 그 자체로 얼굴이 되어 말을 걸어온다. 존재 자체로 관능적 매력을 뿜어내는 카르멘의 뒷모습 너머 같은 동작을 취한 채 집착하는 눈빛으로 바라보는 돈 호세가 있다.

랑을 나누는 파드되를 설레는 모습으로 그리거나 무르익는 감정을 극대화하는 데 중점을 둔다. 하지만 **카르멘**은 그와 다른 방식으로, 오히려 이 관계에서 벗어나 자유를 찾아 나서는 여성 주인공의 모습을 조명함으로써 신체를 수단으로 삼거나 표현의 매개로 두지 않고, 그 자체로 자신을 드러내는 가장 적극적인 주체가 될 수 있다는 것을 상기한다. 그리하여 기존의 서사 혹은 클래식발레의 장에서 이상적으로 여겨지던 여성의 몸에서 탈피해 적극적으로 자신의 욕망을 따르며 자유를 갈구하는 '카르멘' 본연의 이미지가 실현된다.

# '카멜리아의 여인'의 화려한 외피를 걷으면

      몸은 사랑을 드러내는 가장 솔직한 방법이다. 그 움직임은 바라보는 이가 자신의 심상을 들여다보게 하고, 또한 여러 가지 모양새로 하여금 마음먹기에 따라 사랑의 모양이 얼마나 다양할 수 있는지 보여준다. 사랑을 표현하는 것에 정답이 있겠느냐마는, 그럼에도 불구하고 움직임은 그 마음을, 감정을 투명하게 비춘다.

      무대에서 몸은 사랑이라는 사건이 체현하는 장소이자 상황이 된다. 무대 위 무용수는 자신에게 주어진 역할이 돼 춤추고, 그것은 비단 주어진 이야기와 안무를 훌륭하게 구현하는 차원을 넘어 춤이라는 예술적 움직임을 통해 인물을 체현하는 일이 된다.

      발레는 여러 종류의 춤 가운데서도 사랑 이야

기를 많이, 그리고 아주 전통적인 플롯으로 다루는 장르다. 감정 표현만 아니라 마임이라 불리는, 통용되는 춤 언어가 더해지면 더욱 그렇다. 그러니 무르익지 않아 그려낼 수 없는 것이 아니라면 몸으로 표현할 수 없는 인간의 감정은 없다. 몸으로 그려낸 사랑은 너무나 솔직한 탓에 자칫 깨질 듯 연약하기도, 그러안기에 고통스러울 정도로 뜨겁기도 하다. 천상을 꿈꾸는 발레에서라면 사랑은 더욱이 환상적으로 그려지니 말이다.

소설로 출발해 연극·오페라 등 여러 예술 작품으로 변주된 알렉상드르 뒤마 피스 '춘희'. 당대 사교계를 누빈 작가의 자전적 경험은 물론, 그가 마음을 품은 마리 뒤플레시스라는 여인이 뒤엉켜 완성된 소설은 현실의 어둠이 드리우지만 낭만성을 간직한 이야기로 남아 있다. 상류층 남성들의 후원을 받으며 살아가는 코르티잔이라는 존재, 뭇 남성의 인기를 한 몸에 받고 있으나 결국 단 한 사람의 진실한 사랑에 마음을 움직이고 마는 마르그리트가 주인공이다. 화류계를 주름잡던 마르그리트는 아르망을 마음에 두게 되면서 코르티잔의 삶을 그만두지만, 아들의 미래를 걱정한 아버지의 요구에 따라 아르망과 이별하기를 택하고 과거의 생활로 돌아간다. 영원할 것 같던 마음이 바뀌어 자신과의 관계를 저버렸다고 생각한 아르망은 마르그리트를 매몰차게 대하는데, 결국 그녀가 폐병으로 세상을 떠나고서야 진심을 알게 된다는 이야기다.

20세기에 기록된 최고의 발레 작품 중 하나인 존 노이마이어의 드라마발레 **카멜리아의 여인**1978은 뒤마 피스의 작품 '춘희'와 극중극으로 등장하는 '마농 레스코'를 적절하게 뒤섞어 서사성과 극적 분위기를 한껏 끌어올렸다. 작품에 맞는 음악을 새롭게 쓰지 않고 쇼팽의 피아노 곡을 골라 적절히 구성해 낭만적 감성을 강조했고, 의상·무대 등을 통해 그 시절 파리의 풍경을 담아냈다. 클래식발레의 문법을 지키면서도 극적 표현을 배가한 안무는 궁정시대에 태어난 발레가 오늘날 예술춤으로서 유효하다는 것을 증명한다.

안무가 존 노이마이어는 1973년부터 2024년까지 예술감독으로 함부르크 발레와 50여 년간 함께하며 오늘날 내러티브 발레란, 또 전막 발레란 어떠해야 하는지 심도 있게 탐구해 왔다. 생애 170편 넘는 작품을 발표하고 있으며, 20세기에서 21세기로 이행하는 가운데 발레가 가진 가능성을 다채롭게 펼쳐왔다. 그중에 전막 길이의 작품이 적지 않다는 것이 놀라운데, 그는 특히 셰익스피어를 비롯한 고전에서 많은 영향을 받는다고 밝힌 바 있다.

발레는 언제나 여성의 이야기를 다뤄왔다. 다만 그 여성은 스스로 운명을 결정할 수 없는, 이를테면 공주 같은 인물이거나 사랑에 매몰되고 남성에게 자신의 미래를 기대는 양상이 문제였을 뿐이다. **카멜리아의 여인**의 바탕이 되는 실존 인물인 마리 뒤플레시스의 이야기를 들어보자. 그녀는 자신이 코르티잔으로 살아가는 것에 대해 이렇게 이야기했다고 전해진다.

**저는 부패하지도, 탐욕스럽지도 않습니다. 단지 우아하면서 교양 있는 환경에서 누릴 수 있는 기쁨과 행복, 세련됨을 알고 싶었을 뿐입니다.**

애인을 고르는 것은 자신의 손에 달린 일이지만 정작 그 사랑에 응답하는 이는 없었기에, 그래서 그녀는 코르티잔으로서 가장 값진 것을 스스로에게 주고자 한 것이 아니었을까. 그러나 아이러니하게도 코르티잔인 그녀는 우리가 클래식발레에서 만나온 수많은 여성 캐릭터와 다르다. 오히려 그러한 캐릭터에 입혀놓은 선입견의 반대편에 자리한다. 마르그리트는 자신의 선택을 존중하고, 삶을 적극적으로 그려나간다. 게다가 종국에는 사랑을 위해, 그리고 사랑하는 사람을 위해 자신의 삶을 포기하는 것 또한 주저하지 않는다.

무대 위 마르그리트의 방으로 가보자. 가운데에 성인 두 사람쯤 비출 수 있는 전신 거울이 세워져 있다. 무도회가 끝나고 접견실을 지나 방으로 들어온 마르그리트는 거울에 비친 자신을 바라보고는 두 손으로 얼굴을 파묻는다. 병으로 인해 나날이 수척해지는 모습이 속상했을 터. 그러나 이윽고 그녀를 따라 들어와 진실하게 사랑을 고백하는 아르망을 마주한다. 자신을 탐하는 이들은 발에 차일 만큼 많지만, 어쩐지 그는 다른 것 같다. 그러나 발아래로 고개 숙이기를 마다하지 않으며 마음을 고백하는 그를 눈앞에 두고도 어쩐지 불안한 마음이 들어 자꾸만 거울 앞에 서게 된다. 마르그리트에게 거울은 환상이 아니라 '나'를 재차 바라보는 장치가 된다. 상대가 나에게 호감을 보일 때, 좋아한다고 말할 때, 사랑한다고 고백할 때, 그 달콤한 감정에 휩쓸리지 않은 채 스스로를 확인하고 돌아본다. 객체로서 나를 일렁이게 하는 감정이 아니라, 주체로서 자신에게 부여하는 감정을 확신하고자 바라본다. 거울은 마르그리트가 타자의 시선이 아닌, 세상을 살아가는 주체로서 자신을 확인하는 무대장치인 셈이다.

    1막에서 펼쳐지는 마르그리트와 아르망의 첫 번째 파드되. 아르망은 상체를 숙여 여성의 손등 혹은 발끝에 입을 맞추거나 무릎을 꿇어 자세를 낮춰 이동하고, 높게 뛰고 돌며 터져 나오는 자신의 마음을 적극적으로 표현한다. 한편 마르그리트는 코르티잔으로 살아가는 삶에 불현듯 등장한 진짜 사랑에 혼란스러운 듯 대체로 크고 직선적이며 싱숭하는 동작을 펼친다. 감정 앞에 사회적 계급마저 내려놓고 충실하게 구애하는 남성. 이와 대조적으로 관성에 저항하려는 여성의 모습. 이들의 관계가 순탄하지만은 않으리라는 암시 같기도, 그러한 관계에 휘말리지 않고 내 삶의 중심을 지켜가려는 여성의 신중함이 드러나는 장면이기도 하다. 앞섶에서 동백꽃을 떼 아르망에게 쥐어 보내고도 재차 거울 앞에 서서 자신을 바라보는 마르그리트의 모습이 그렇다.

아르망은 치기 어리고 뜨겁게 타오르지만, 마르그리트는 신중하고 단단하다. 후원자의 비호 아래 화려한 전원생활을 즐기다 아르망과의 관계를 들킨 장면에서, 당장 나가라는 공작의 손짓에 남자는 한 걸음 물러서지만 오히려 마르그리트는 그의 두 팔을 붙잡아 자기 허리를 감싼다. 그러곤 공작에게 받은 보석을 과감하게 던져버림으로써 단숨에 관계를 정리하고, 자신에게 찾아온 사랑을 지키기로 결심한다. 그간 그녀가 받은 애정에 심취한 것도, 한때 화르르 일어난 감정 때문도 아니다. 오직 스스로의 결정과 행동에 의한 것. 2막의 갈등은 이윽고 자신의 아들과 헤어져 달라며 찾아온 아르망의 아버지 무슈 뒤발과의 듀엣으로 이어진다.

코르티잔을 바라보는 세상의 시선이 그렇듯, 무슈 뒤발 역시 마르그리트를 찾아오기는 했으나 그녀의 손길에 인사조차 건네지 않으려 한다. 그는 자신의 권위를 들어 마르그리트에게 부탁인지 협박인지 모를 요구를 전한다. 이에 마르그리트는 강하게 의지를 표명하고, 부정하고, 대응하지만 그의 마음은 바뀔 생각이 없다. 그녀는 점점 더 간절하게 애원한다. 이번 사랑은 꼭 지켜보겠다는 의지가 엿보인다.

그러나 이때 그녀의 신념을 뒤흔드는 것이 또 있으니, 극중극으로 등장하는 마농의 존재다. 마르그리트가 자신의 운명을 비춰보는 존재 마농. 자신과 같은 운명이면서 또 자신의 신념과는 반대편의 선택을 유도하는 존재. 그리하여 그녀가 자신에게 주어진 운명을 그토록 거부하고 싶도록 하는 존재다. 이 장면에서 마르그리트를 중앙에 두고 사선 앞쪽으로는 무슈 뒤발, 사선 뒤쪽으로는 마농과 그의 남성들이 서서 한바탕 '밀당'을 벌인다. 주어진 운명에 저항하며 관객 가까이 다가오고, 객석에서 먼 뒤쪽으로 순응하듯 끌려가기를 반복하며 마르그리트는 자신의 삶을 좌우할 선택을 앞두고 있다.

치열한 내적 갈등을 담은 이 장면이 끝나면 무슈 뒤발은 마르그리트의 오른손에 입을 맞추고 무대를 떠난다. 그녀와 마주 앉아 차 한 잔조차 나누기를 거부했던 남자의 태도는 어느새 바뀌어 있다. 이는 바깥으로 드러나는 코르티잔으로서의 모습 이면의, 마르그리트라는 진실한 주체를 인정함을 의미한다. 작품을 대표하는 세 번의 파드되보다도 이 듀엣이 더 강렬하게 잔상으로 남는 이유다.

    마르그리트는 마지막 장면에서 마농과 다시 대면한다. 그리고 이때는 내내 마주하기를 거부한 것과 달리, 해탈한 듯 가벼운 걸음으로 마농에게 다가가 손을 맞잡는다. 운명이란 거스를 수 없는 것일까? 그것이 운명이든 아니든 자신에게 다가온 그림자를 받아들인다는 것은 새로운 의미를 낳는다. 정해진 결과에 순응하는 것이 아니라, 그것이 비단 정해진 결과일지라도 자신이 선택한 것임을 함의하기 때문이다.

## '벨라 피구라'가 일컫는 아름다운 삶이란

곧 팔순을 맞이하는 나이에도 불구하고 여전히 연습실을 떠나지 않은 채, 이제는 발레라는 장르를 넘어 무대를 구성하는 다양한 매체까지 창작 영역을 확장하고 있는 예술가 이르지 킬리안. 그는 1947년 체코슬로바키아에서 태어나 체조를 배우기 시작해 프라하 음악원에서 발레를 배우고, 런던 로열 발레학교를 거쳐 존 크랭코가 있던 슈투트가르트 발레에서 무용수이자 안무가로 커리어를 시작했다. 1970년대 초부터 네덜란드 댄스 시어터 Nederlands Dans Theater, NDT 와 작업하기 시작해 1975년부터 25년간 예술감독으로, 그리고 상주안무가로 2000년부터 10년을 보내며 왕성한 창작 활동을 이어왔다.

킬리안은 마리우스 프티파 시절의 클래식발레

부터 발레 뤼스의 혁신을 거쳐 조지 발란신의 모던발레로 이행하기까지, 역사를 존중하고 계승하며 자신의 시대에 걸맞은 발레를 창조해 냈다. 프랑스 궁정 시대에서 예술춤으로 인정받기까지 차근차근 정립해 온 엄격한 테크닉을 토대로, 정교하면서도 세련된 기교를 창조하고 음악적 아름다움을 끌어올린 것이다.

그러나 실상 그의 예술관에서 가장 중요한 것은 인간이라는 존재다. 킬리안은 인간으로 살아가면서 우리 삶에 결부된 다양한 감정을 춤으로 이야기하고자 했다. 또한 자신의 안무는 신체를 단순한 기술 매체가 아닌, 감정과 철학을 전달하는 시적 도구가 될 수 있다고 여겼다. 킬리안의 작품을 볼 때 전체의 그림만 아니라 세부 동작에서 비롯하는 정서적 대화에 감응하게 되는 이유이기도 하다.

그가 네덜란드 댄스 시어터에 재직하던 시절, 단체를 성장시켜 주력 단체인 NDT 1 외에도 22세 이하 무용수를 위한 NDT 2와 은퇴해야 하는 나이로 여겨지는 40세 이상 무용수를 위한 NDT 3를 창단한 것은 이러한 예술 철학과 일맥상통한다. 이는 단체의 발전이나 직업적 전환 같은 경영상의 목적을 띠기도 하지만, '모든 인간은 춤춰야 한다'는 신념을 우선으로 반영한 것이다. 한창 무대에서 활동할 무용수만 아니라 청년의 몸과 나이 든 몸까지 모든 몸은 무대의 주체가 될 수 있으며 그 나름의 미학을 갖고 있다는 것을 증명했다.

　　　　　수많은 작품을 통해 삶과 죽음, 사랑에 관해 이야기해 온 그는 단순히 에로스적이고 낭만적인 사랑을 이야기하지 않는다. 오히려 춤에 대한 사랑, 예술에 대한 사랑, 자연과 인간에 대한 사랑, 그리고 무엇보다 탁월함에 대한 사랑을 포함한다. 인간의 삶을 흥미롭고 유의미하게 나아가도록 하는 매개 같은 것이다. 특히 1980-1990년대 창작된 그의 작품은 발레라는 전통적인 예술 양식이 품고 있는 유산과 동시대적 새로운 창조 사이에서 중심을 이리저리 옮기며 발전해 왔다. 여성의 몸과 움직임에 매료돼 그 안에서 춤의 본질을 건져 올리는 그는, 잘 훈련된 신체 움직임과 이로부터 비롯하는 자유를 중요하게 생각한다. 몸은 단순히 시각적으로 드러나는 대상 또는 춤의 매개가 아니라, 존재 자체로 깊이를 지닌 주체적 매체이기 때문이다.

　　1995년 작 **벨라 피구라**는 유니타드를 입어 신체의 선을 드러내는 데서 한발 더 나아가 상반신 탈의를 감행하며 눈에 보이는 아름다움과 허상, 현실과 환상을 오가는 메시지를 전한다. 남녀가 조화를 이루는 파트너십, 우아하고 유연하며 때때로 숭고하고 유쾌하게 망가지기까지 신체가 표현할 수 있는 양극단을 오가는 움직임, 그리고 핀 조명을 활용한 극적 전환은 서사 없이도 움직임만으로 몸이 어디까지 말할 수 있는지 성찰하게 해준다.

→ 　　오늘날 발레는 의상을 점점 더 간소화해 신체의 선을 드러내다 못해 탈의함으로써 아름다움의 진실/허구 그리고 현실/환상의 경계에 관객을 위치시킨다. 연약한 본성이 노출된 몸은 세상의 잣대로 구분될 수밖에 없는 것들의 양면성을 오간다. 여성의 몸에 집중해 여기에서 비롯하는 춤으로서 본질을 구하고자 한 킬리안의 예술관이 드러나는 장면이다.

30분 길이의 작품은 페르골레시 '스타바트 마테르'와 비발디가 작곡한 두 대의 만돌린과 현을 위한 협주곡 등 기악과 성악을 아우르는 바로크음악 7곡을 배경으로 펼쳐진다. 파딩게일을 넣은 것 같은 붉은색 당대 복식의 스커트를 입고 알몸인 상체를 노출한 채 중반부 10분간 펼치는 춤은 이 작품의 하이라이트로 꼽힌다. 한 겹도 덮지 않아 연약한 본성이 그대로 노출된 상반신과 규범과 양식을 상징하는 전통적인 복식 구조 속에 숨겨진 하반신. 탈의함으로써 도리어 남성과 여성이라는 젠더 수행성조차 지워버린 몸. 많은 부분을 드러냈으나 더 많은 부분을 숨긴 이들의 움직임에는 몸을 매개로 삼아 보여주는 것에 관한 양면성이 혼재한다.

'훌륭한 이미지', '아름다운 모습' 등으로 번역되며 나아가 아름다운 삶의 방식까지 의미하는 이탈리아어 제목 '벨라 피구라Bella Figura'는 작품이 말하고자 하는, 보여주는 몸과 감추고 싶은 몸 사이의 충돌을 드러낸다. 빛이 드리운 무대와 그 바깥의 어둠, 명명된 젠더를 지워버리는 의상, 유려하고 아름답게 흐르다가도 분절적으로 불안하게 끊기는 움직임, 듀엣과 앙상블의 결합과 해체가 진실과 허상 사이를 누비고 있다. 아름다움을 보여주는 몸과 진실한 몸은 다른가? 혹은 하나가 될 수 있을까? 그렇다면 무대 위에서 보여주는 몸은 진실을 말할 수 있을까? 모든 의상에서 탈피한 끝에 불안정하게 노출된 무용수의 몸은 보여주는 몸에서 걸어 나와 세계와 마주하며 비로소 자신의 존재를 증명하는 몸으로 거듭난다.

극장이라는 환상, 현실이라는 환멸

묵직한 두 개의 문을 지나 눈부신 조명이 드리워진, 먼지 냄새가 퀴퀴한 극장으로 들어서는 일. 공연을 보기 위한 여정은 현실을 떠나, 지극히 비현실적이고도 환상적인 세계로 발걸음하는 일이다. 한 치 앞조차 가늠하기 어려운 새카만 어둠이 시야를 완전히 잠식할 때, 수많은 생각으로 꺼지지 못하던 머릿속 불빛을 강제로 소등시킬 때, 극장예술의 장치는 비로소 우리를 환상의 세계로 데려다준다.

발레는 우아함과 낭만으로 점철돼 우리 일상과는 멀리 떨어져 있는 것 같은 환상을 자아내는 예술이다. 이탈리아 궁정에서 시작해 17세기 프랑스에서 꽃을 피우기까지, 초기의 정치적인 수단을 넘어 예술로 살아남은 것은 그 중심에 아름다운 움직임이 있었기 때문이다. 때로는 날아오르는 요정처럼, 인간이 아닌 천상의 존재인 것처럼, 발레는 그렇게 환상과 낭만의 세계를 대변해 왔다.

프랑스혁명 이후 본격적인 예술 장르로 자리를 잡기 시작한 발레는 초기부터 당대 유럽을 풍미한 낭만주의의 영향을 받았다. 예술가들은 환상을 통해 억압된 상상력의 해방을 이룰 수 있다고 생각했고, 감정과 정서, 향수를 자극하는 작품이 태어나기 시작했다. 이때의 발레는 현실을 벗어나 꿈이나 신화를 매개로 무의식적 욕망과 이상을 표현하고자 했다. 고통스러운 현실로부터 도피하려는 시도는, 사람들을 예술 앞으로 끌어당겼다. 예술을 잠식한 낭만주의 경향 속에서도 뒤늦게 출발한 발레는 낭만적인 사랑과 아름다운 꿈을 작품에 녹여냈다. 그 자체로 환상인 요정 이야기, 민속 설화를 다른 주제, 이국적인 풍경, 불가사의하고 비현실적인 것들이 쏟아져 나왔다. 실현할 수도, 획득할 수도 없는 것들이 그렇게 무대 위에서 빛을 내기 시작했다.

  예술은 섬뜩하리만큼 현실을 명징하게 드러내지만, 한편으로는 그러한 한계에서 벗어나 고고하게 예술적이기를 택한다. 그리하여 예술은 현실을 넘어서려는 욕망과 자유로운 상상력을 발휘하게 하고, 나아가 인간 내면의 무의식적 충동을 형상화하는 역할을 해왔다. 환상은 허구의 무엇이 아닌, 그러한 예술의 작동 방식이자 미적 체험의 출발점으로 발현된 것이다. 이성 중심의 계몽주의에 반하며 나타난 낭만주의가 현실 너머의 세계를 갈망한 것은 당연한 일이었을지도.

  그렇다면 예술이 가닿고자 한 환상은 현실로부터의 도피가 아니라 오히려 존재의 본질에 가까이 다가가려는 창조적 충동 아니었을까. 비현실적이고 꿈같은 이미지, 전복된 시공간 등 현실 바깥에 구축된 상상의 세계는 도리어 우리 현실을 비춘다. 그리고 관객은 그러한 예술의 환상에 감각적으로 몰입해 미적 체험을 경험하고, 숭고한 아름다움을 마주한다. 예술 작품이 보여주는 환상은 현실에서 결코 경험할 수 없는 것, 우리는 그 감각의 공간에서 자신의 내면을 다시금 발견한다. 미적 자기 탐구, 그것이 우리가 지친 일상에도 불구하고 극장으로 발걸음을 옮기는 이유가 되어주지 않는가.

그러니 예술을 통해 경험하는 환상이란 허구에 지나지 않는 무엇이 아니라 상상력과 욕망, 인식, 감각이 중첩된 다층적인 장이 된다. 현실을 은폐하기보다는 그 너머의 진실에 닿고자 하는 노력이니 말이다. 막이 열리고 무대가 펼쳐지면 그 순간만큼은 공연의 세계에 온전히 몰입하겠다는 마음, 그것은 새로운 현실을 그려내는 또 다른 미적 작용이 된다.

## 현실에서 달아나
### 다다른 낭만발레의 세계

사뿐사뿐한 도약과 가볍고 날렵한 회전, 사르륵 흩어지는 튀튀 아래 우아한 푸앵트en pointe까지. 그 시절, 중력을 거스르는 듯 가볍게 무대를 누비는 발레리나의 환상적인 모습은 객석을 열광하게 했다. 물론 오늘의 관객이 본다면 어설픈 테크닉이라고 하겠으나, 당대 사람들은 그 장면을 마치 어렴풋한 안개를 걷어내며 다가오는 영성을 경험하는 것 같았다고 묘사할 정도이니 낭만발레가 일으킨 향수는 예술을 향한 동경을 증언하는 것이었다.

낭만발레의 대표작 **라 실피드**는 약혼한 연인이 있는 남자가 공기의 정령에게 사로잡혀 결혼 직전 그 약속을 깨고 요정을 따라 숲으로 들어간다는 이야기다. 마치 악당 로트바르트의 마법에 걸려 자신에게 사랑을 맹세하는 남자가 나타나기 전에는 공주로 돌아갈 수 없는 **백조의 호수**처럼, 정령 실피드 역시 자신이 택한 인간 남성 제임스가 인간 여성과 백년가약을 맺지 않기를 바랄 뿐이다. 그러나 실피드에게도 약점이 있었으니, 인간을 유혹할 뿐 그의 신체에 붙잡히거나 갇힌다면 죽게 된다는 것이다. 하지만 평범한 인간 남성일 뿐인 제임스는 잡힐 듯 잡히지 않는 실피드를 손에 넣고 싶어 한다. 그에겐 사랑이란 두 손에 닿아야만 이룰 수 있는 종류의 것이니 말이다. 마법의 스카프를 구해 실피드를 사로잡은 그는 잠시 기쁨에 취하지만, 이내 실피드는 두 날개가 떨어지면서 소멸한다. 한편 자신과 결혼을 약속한 에피 역시 그의 배신에 다른 남자와 결혼식을 올리며 이야기가 끝난다.

    막이 오르면 의자에 기대어 잠든 제임스와 그의 곁에 살짝 몸을 기댄 실피드의 모습이 보인다. 두 팔을 상체 앞쪽으로 교차하고 손목을 살짝 꺾은 팔 모양은 정령 실피드를 대표하는 자세다. 풍성한 로맨틱 튀튀 아래로는 발목만 살짝 노출돼 자잘하고 섬세한 발동작이 드러나며, 그와 대비되게 우아한 팔동작이 눈에 띈다. 실피드에게는 인간사의 피로나 무게감 따위 느껴지지 않는다. 오히려 믿을 수 없는 활력만 넘칠 뿐. 불가능한 사랑과 시적인 꿈을 좇던 그 시절, 정령의 흔적을 찾고자 무대를 휘젓고 다니는 제임스의 모습은 낭만성에 심취한 관객과 같았을 듯싶다.

**라 실피드**에서 우리에게 낭만적 환상을 불러일으키는 건 주인공 실피드의 존재. 아름다움과 욕망의 화신이자 닿을 수 없어 더욱 애타게 만드는 존재, 순수한 사랑과 자유의 영역이자 시와 예술의 원천이 되는 존재. 우리는 그 환상에 사로잡힌 제임스에게서 낭만주의자의 전형적인 모습을 발견한다. 그는 현실 세계에 사랑하는 사람이 있고 심지어 약혼한 상태이지만, 그 이면에는 어쩌면 결혼이 이뤄지지 못할 수도 있다는 불확실한 감정이 존재한다. 그래서 자신을 홀리게 하는 실피드를 확실하게 손에 넣고 싶어 하지만, 그럴 때마다 실피드는 교묘하게 그의 손아귀를 빠져나간다. 제임스는 자신의 현실과 꿈을 일치시킬 수 있을까? 잠에 취해 있을 때 더없이 평화로워 보이는 그의 모습에는 색정적인 환상이 깃들어 있다. 시적 갈망과 환상에 취한 정신 상태의 제임스를 붙잡는 건 다만 에피뿐. 제임스와 실피드·에피의 파드트루아pas de trois가 끝날 무렵 그의 두 눈을 가리는 에피의 손을 놓치지 말았어야 한다.

이 작품은 예술성을 평가하기에 앞서 발레사에 여러 의미를 남겼다. 발레가 프랑스 궁정의 유흥에서 벗어

← 약혼녀 에피는 무언가에 홀린 듯 정신을 차리지 못하는 제임스가 불안하다. 손등에 얼굴을 맞대며 신뢰와 지지를 표현하지만, 그 뒤로 실피드의 매혹적인 표정이 비친다. 세 사람의 파드트루아에는 서로 다른 감정으로 혼란스러운 이들의 심리가 얽혀 있다.

나 예술 장르로 독립하는 계기가 됐고, 남성과 권력, 귀족 중심의 상징을 위한 움직임에서 여성의, 여성에 의한 예술로 부상하게 했다. 19세기의 시작과 함께 **라 실피드**의 등장은 '발레'라는 장르의 색깔을 여성성으로 더욱 짙게 물들였다. 토슈즈와 튀튀tutu로 대표되는 예술춤으로서 발레를 확립했고, 거꾸로 이는 결국 발레라는 예술이 환상과 상통할 수밖에 없는 맥락으로 이어진다.

한편 낭만발레의 이러한 경향성이 가장 고조된 건, 19세기 후반 **코펠리아**1870가 발표되면서다. **코펠리아**에는 실피드 같은 정령도, **지젤**의 윌리 같은 귀신도 등장하지 않는다. 희극의 성격을 띠는 이 이야기는 괴짜로 알려진 과학자 코펠리우스 박사가 만든 인형 코펠리아로 인해 벌어진, 청년 프란츠와 그의 약혼녀 스와닐다 사이의 한바탕 소동을 다룬다. 호프만의 원작은 사실 과학자로 불리는 한 남자의 무서운 집착을 다룬 판타지 소설이지만, 오히려 발레 작품에서는 폴란드 마주르카, 헝가리 차르다시, 스코틀랜드 지그 등 민속적 색채가 묻어나는 음악과 춤 덕분에 유쾌한 구성으로 뒤바뀌었다.

한바탕 소동으로 치부되긴 하지만, **코펠리아**의 핵심에는 자신의 이상향을 담아 인형을 만들고 그에 생명을 불어넣을 수 있다고 믿는 과학자의 환상이 존재한다. 여러 인형으로 둘러싸인 과학자의 음침한 실험실을 배경으로 하는 2막을 보자. 코펠리아의 정체를 밝혀낸 인형에 속고 있는 프란츠를 구하겠다며 이곳에 잠입한 스와닐다는 스스로 인형이 되어 코펠리우스 박사를 속이는 데 성공한다. 인형인 것처럼 춤추는 발레리나의 모습, 그에 심취해 함께 스텝을 밟는 과학자의 모습은 겉으로 보기에 웃음거리에 지나지 않지만 어쩐지 섬뜩하다. 비현실적이고 꿈같은 상상이지만 그마저 예술 작품으로 즐길 수 있는 건, 그만큼 당시의 발레가 환상의 이미지를 능수능란하게 다뤘기 때문은 아닐까.

**코펠리아**가 낭만발레에서 고전발레로 이행하는 시기를 상징하는 작품으로 기록되는 것은 초연 당시의 화제성 덕분이기도 하다. 파리 오페라 발레에서 이뤄진 초연 무대에서 남자 주인공인 프란츠 역할을 발레리나가 맡았기 때문이다. 낭만발레로부터 이어져 온 '여성예술'의 기조는 **코펠리아**에서도 여전히 유효했던 것. 이로써 19세기 말까지 발레 무대에서 남성 무용수는 여성 무용수를 들어 올려주는 존재 혹은 미미한 역할로 여겨졌고, 자연스레 발레리나는 상당한 지위를 차지하게 됐다. 비록 이것이 나아가 여성 무용수를 무대 위 이상화된 타자로 전락하게 하는 폐단으로 이어졌지만, 거시적으로 바라본다면 발레사에 유의미한 발전을 이뤄낸 시기로 기록된다.

## 발레블랑,
### 비현실의 경계를 가로지르며

'환상'이라는 단어를 문자가 지닌 의미 그대로 사상이나 감각의 착오로 사실이 아닌 것을 사실로 보는 환각 현상으로 상정한다면, **라 바야데르**[1877]는 그러한 환각 현상을 초래하게 된 과정을 그대로 펼쳐놓을 뿐만 아니라 환상으로 일컬어지는 여러 면면을 보여준다. '힌두 사원의 여성 무희'를 뜻하는 제목의 발레가 초연된 것은 지금으로부터 무려 150여 년 전. 우리는 그 시절 사람들이 가진 환상을, 이 작품을 통해 어렴풋이 들여다볼 수 있다.

초연 기준 4막 7장 규모의 대작 **라 바야데르**는 인도의 사원을 배경으로 서로를 향해 영원한 충성을 맹세한 무희 니키야와 전사 솔로르의 이야기를 다룬다. 그러나 또한 니키야를 사랑한 브라만, 그리고 자신의 딸 감자티를 솔로르와 결혼시키려는 권력자의 등장으로 이들의 사랑은 저지되는데, 결국 사후 세계에서야 그 맹세를 지킨다는 결말이다.

유럽인의 시각으로 바라본 동양의 풍경은 이 시기 여러 예술 작품에 그려졌는데, 마리우스 프티파 또한 예외는 아니었다. 러시아 안무가의 눈에 비친 인도는 이국적이다 못해 신비롭기 그지없는 세상이었다. 프티파는 전형적인 발레음악을 사용하되 이국적인 테마를 설정하고 그러한 색채를 띤 다채로운 디베르티스망을 집어넣어 자신의 전작과 차별점을 두었다.

권력에 의해 희생된 니키야에게는 삶을 지킬 수 있는 선택지가 주어지지만, 진실을 위해 브라만의 손길을 거부한다. 한때 영원한 사랑을 맹세한 솔로르는 정작 연인이 생사의 기로에 놓이자 망설일 뿐 움직이지 않는다. 그렇게 이야기는 전형적인 비극적 결말을 향해 달려가고, 홀로 살아남아 고통스러운 솔로르가 물담배에 의지해 환각에 빠져들 때 가장 중요한 장면이 시작된다.

**라 바야데르**는 낭만발레 **지젤·라 실피드**와 함께 대표적인 '발레블랑Ballet blanc'(백색발레)으로 꼽힌다. 유령·요정 등 초월적 존재를 소재로 다룰 뿐만 아니라 시각적으로 순백색 튀튀를 입은 여성 군무가 장대하게 펼쳐지기 때문이다. 솔로르의 꿈속으로 그려지는 '망령의 세계'에선 시공간을 종잡을 수 없는 푸르고 아득한 배경에 니키야를 비롯한 무희들의 환영이 쏟아져 나온다.

4막의 시작, 하얀 튀튀를 입고 두 팔에 하얀 스카프를 걸친 여성 무용수들이 무대 상수 계단 위쪽에서부터 한 사람씩 등장한다. 38회의 아라베스크를 반복하며 점차 무대 앞쪽으로 진행하는 32명의 무용수. 어렴풋하게 모습을 드러낸 이들은 점점 또렷한 실체로 다가온다. 동일한 간격으로 질서 정연하게 줄지어 선 무용수들이 팔과 다리의 각도, 세밀한 움직임, 숨소리까지 맞춰 섬세하게 춤을 완성하는 모습은 '발레블랑'으로 불리는 고전발레의 감상이 무엇인지 보여준다. 그야말로 상상 혹은 꿈속에서나 가능한 이 비현실적이고 환상적인 풍경은 현실에서는 경험할 수 없는 것이다. 고전발레 양식의 완성과 테크닉이 정점을 이룬 **라 바야데르** 4막 장면은 예술이 관객에게 제시하는 환상의 정점이라 할 수 있지 않을까. 완벽한 포즈를 위한 최선의 노력, 발레가 추구하는 이상향을 구현하기 위한 무용수들의 부단한 움직임은 예술의 숭고미와 그에 비롯하는 환상적인 예술 경험을 자아낸다.

초연으로부터 한 세기 넘는 시간을 관통해 현재에 도착한 작품을 보며 오늘날 우리는 여러 이야기를 쏟아낸다. 안무가가 그려낸 작품의 배경이 너무나 서양인의 관점에 치우쳐 있지 않은지, 또 그 과정에서 동양은 무분별하게 환상적으로만 그려진 건 아닌지, 결국 현실에서 유효하지 못한 남자의 맹세를 미화하기 위해 사후 세계를 그려낸 것은 아닌지, 그리고 그것마저도 비합리적인 동양의 풍경으로 치부된 것은 아닌지.

　　　　예술은 시대를 반영하고 그에 맞게 변화하며, 세월을 통과해 살아남은 작품은 새로운 시대의 관객과 만나 또 다른 관점으로 해석될 가능성을 품고 있다. 그러므로 이를 논하는 모든 이야기가 나름의 의미를 갖고 있으며, 또 그러한 논의는 고전으로 불리는 예술 작품만이 얻을 수 있는 것이기도 하다. 그러니 이렇게 생각해 보는 것은 어떨까. 예술 작품에 시대와 역사, 국가와 종교를 대입하기보다 이 모든 것이 예술가의 환상에서 비롯한 산물이라고. 모든 감각을 동원해 그 순간을 만끽하지만 영원히 포착할 수는 없고, 이내 어두운 객석에 불빛이 들어오기 시작하면 서서히 사라져 버릴 환상일 뿐이라고. 주변의 빛을 지우고 그러한 환상의 세계로 들어서는 일, 그것은 예술을 경험하기로 마음먹은 자만이 누릴 수 있는 '환상적인' 순간이 될 것이다.

움직임은 어떻게 아름다운가










































움직임은 어떻게 아름다운가

예술을 바라보는 다양한 관점이 있겠으나, 춤의 주인공은 춤 자체여야 한다고 믿는다. 핵심은 춤추는 몸에 깃들어 있다고 하더라도 공연이라는 형식 안에서 그 주인공은 춤이 될 수밖에 없으니. 존재 자체로 마음을 움직이는 예술 앞에서, 아름다움의 현현을 본질로 삼는 예술에서 무언가를 읽어내려는 것은 어쩌면 욕심이 아닐까. 물론 아름다움을 바라보는 시선에는 제한이 없다. 예술이 무엇을 표현하려고 하는지, 어떻게 가닿고자 하는지 탐구하는 행위 자체가 예술을 향한 사랑이니 말이다.

형식과 모양이 점점 더 복잡다단해지는 현대 예술에서, 관객은 끊임없이 예술가의 의도와 작품의 의미를 발견하고자 노력한다. 감정 혹은 이야기, 나아가 사회적 메시지까지 예술은 무언가를 말해야 한다는, 어쩌면 이미 말하고 있으리라는 기대를 받는다. 하지만 어떤 예술은 그러한 기대를 쨍그랑 깨며 등장한다. 전통적으로 규정된 형식미가 돋보이는 발레에서도 그러한 시도는 관객의 미적 취향을 고양해 왔다. 이야기와 인물, 감정과 의미를 제거하고 순수한 움직임에 주목한 신고전발레부터 오늘날 컨템퍼러리발레에 이르기까지, 춤을 감싼 외피를 벗겨내며 점차 본질에 가까워지는 새로운 발레를 만난다.

아름다운 신체를 전제로 한 발레는 미적 판단에 취약한 장르다. 그 내면의 아름다움에 도달하기도 전에 눈

앞에 펼쳐진 즐거움에 마음을 먼저 빼앗기고 마니까. 하지만 조금만 더 깊게 음미해 보자. 발레의 고유한 아름다움은 당신에게 너무나 순수한 즐거움과 기쁨을 전하고 있을 것이다. 캐릭터나 극적 서사를 적확하게 전달하는 표현으로서 발레 또한 충분히 매력적이지만, 목적성을 띠기보다 본질적 아름다움을 은은하게 뿜어낼 때 예술의 향기에 심취하게 만드니 말이다.

어떤 작품은 이야기 없이 음악과 이미지, 그리고 무대를 구성하는 모든 요소에서 비롯한 모티프만으로 한 편의 공연을 완성한다. 구조와 이들의 조화로 완성된 예술에서는 오직 무용수만이 작품의 주인공이 된다. 조지 발란신의 작품으로 대표되는 신고전발레에서 춤의 주인공은 춤이자, 그 춤을 추는 무용수라는 것이 명징하게 드러난다. 한편 오늘날의 안무가들은 발레의 형식에 내재하는 고전적 어휘를 해체함으로써 차연의 여운을 감상하도록 제시한다. 그사이 미적 판단은 무엇에도 종속되지 않고, 아름다움은 관객에게 빠르게 가닿는다. 그러니 이제 우리는 춤이 무엇을 말하고 어떤 목적을 갖는지가 아니라, 왜 아름다우며 어떻게 아름다운지를 이야기해야 한다.

## 발란신의
## 새로운 고전

모든 예술은 자기부정의 태도를 띠고 끊임없이 그 양상을 변화시키며 발전을 거듭한다. 인간과 그로부터 유래한 역사가 이전의 것을 돌아보고 배우며 새로워지기를 반복하는 것처럼, 예술가 또한 완전하다고 여겨지는 고전에 균열을 내고 새로운 꽃을 피워낸다.

조지 발란신은 20세기 들어 마리우스 프티파의 고전발레로 대표되는 발레의 지평을 새롭게 갈아엎은 안무가다. 동료 예술가들로부터 '미스터 비Mr. B'라는 애칭으로 불린 그는 기존의 발레가 가진 엄격한 형식과 기법을 유지하면서도 움직임이라는 중요한 뼈대만 남긴 채 군더더기를 모두 걷어내는 과감한 방법을 취했다. 발란신은 뉴욕 시티 발레를 세우고 30년 넘게 예술감독을 지내면서 자신의 스타일을 단단하게 구축했는데, 그렇게 미국 발레 스타일을 대표하게 된 '미스터 비'의 발레를 고전발레에 견주어 '신고전neoclassical' 스타일이라고 한다.

사실 초기 시절 발란신은 프티파보다도 더 고전적 스타일의 작품을 만들기도 했으며, 20대 들어 발레 뤼스의 마지막 세대로 활동하면서 고유한 안무 스타일을 구축하기 위한 단초를 마련했다. 스스로 예술 생애를 돌아볼 때 결정적 전환점으로 여길 정도로, 댜길레프·스트라빈스키와 함께한 발레 뤼스 활동은 그가 추구해 온 예술의 방향성에 많은 영향을 미쳤다. 발레 뤼스는 다양한 예술가들이 모여드는 이른바 컬렉티브collective였고, 특히 '불새'1910, '페트루시카'1911, '봄의 제전'1913을 비롯한 스트라빈스키의 발레음악은 그가 작품을 창작하면서 음악의 중요성을 깊이 인식하는 계기가 됐다.

최소한의 장식조차 없는 연습복 차림의 상의, 발목까지 길게 늘어뜨렸으나 다리의 움직임이 모두 비치는 튀튀, 여기에 단단히 고정했던 머리칼을 길게 풀어 늘어뜨리기까지. 미국에 정착한 발란신이 처음 선보인 장편 발레 **세레나데**1935는 그 자체로 발레를 위한 발레이면서, 완벽한 형태가 아니라 공연 횟수를 거듭할 때마다 최상을 지향하는 춤이라는 독특한 지점을 내포하고 있다. 서사는 없으며, 음악으로는 차이콥스키가 1880년 발표한 '현을 위한 세레나데'를 사용했다. 작곡가가 생전 심취한 모차르트를 향한 애정과 서유럽의 음악적 풍경이 담긴 곡으로, 특유의 밝고 경쾌한 리듬감과 우수가 교차한다. 소나티네풍의 1악장으로 시작해 왈츠(2악장)와 엘레지(3악장)를 거쳐 론도풍의 소나타 형식을 취하는 4악장으로 마무리되는 악곡 구성이 춤에도 고스란히 반영됐다.

막이 열리면 17명의 여성 무용수가 늘어서 있다. 발끝과 뒤꿈치를 나란히 모은 6번 포지션에 오른팔을 들고 손바닥이 보이도록 손목을 꺾은 모습이다. 발레의 형식에 반기를 들며 등장한 모던댄스의 취향이 느껴지는 자세지만, 비장미 넘치게 음악이 시작되면 발은 1번을 지나 5번 포지션으로, 포르드브라 또한 기본자세를 차례로 거치며 시작을 알린다. 발란신은 당초 이 작품을 전문 무용수가 아닌 발레학교 학생들을 위해 안무했는데, 이들과 함께 춤을 구상한 흔적이 작품에 엿보인다. 예컨대 기존 클래식발레에 흔치 않은 다채로운 대형이 등장하고, 고전발레의 테크닉을 지키면서도 더욱 과감하게 변형한 동작들이 특징적으로 나타나는 것. 특히 기본 스텝과 움직임을 유기적으로 엮어 하나의 시퀀스로 구성한 앙샌망enchaînement을 발전시킨 장면을 통해 발란신이 추구하고자 한 움직임의 미감이 전해진다.

**세레나데**에서 발견하듯 신고전발레에는 음악과

춤만 남는다. 이야기는 제거되고, 간결하고 추상적인 표현이 무대를 가득 채운다. 이로써 움직임 자체의 아름다움과 음악과의 긴밀한 어울림에서 비롯하는 조화로운 구성이 여운을 남길 뿐이다. 클래식발레가 추구한, 완벽함에 가까운 턴아웃turnout과 정교한 푸앵트 테크닉, 허리선을 넘겨 둔각을 이루는 아라베스크 라인 같은 기교는 유지하면서도 발레라는 장르가 추구한 특유의 장식적인 표현과 세부는 소거된다. 여기에 더해 극단적으로 빠른 스텝이나 고난도의 회전, 점차 속도를 붙이는 유기적인 움직임이 음악과 더욱 밀착된다. 작품은 마치 연습실에서 펼쳐지는 한 장면을 보는 듯 시작하지만, 점점 더 자유롭게 확장하며 이윽고 클래식발레의 경계 밖으로 걸음한다. 차이콥스키의 낭만적인 선율과 푸른빛의 튀튀는 분명하게도 전통의 것이지만, 30여 분 길이의 작품이 막을 내릴 때면 이미 발레가 고전에 깃든 망령에게서 벗어나 새 시대로 도약을 시작했다는 것을 알아채기에 충분하다.

그의 독보적 스타일을 명확하게 보여준 **세레나데**를 시작으로, 음악을 향한 발란신의 애정은 점점 확장해 작품 세계 전반을 이뤘다. 1941년 초연한 **바로크 협주곡**에서는 춤추는 존재를 악보 속 파트와 음표로 상정했다. 무용수들은 짧은 스커트가 달린, 장식 하나 없는 하얀색 연습복 차림으로 등장한다. 발레의 상징으로 여겨지는 튀튀마저 지워버린 의상은 무대 위에 오롯이 춤추는 몸과 그 춤만 남겨두었다. 바흐 두 대의 바이올린을 위한 협주곡에 맞춰 '제1바이올린'과 '제2바이올린'이라는 역할을 부여받은 두 명의 여성 솔리스트는 각자의 파트보를 충실하게 시각적으로 구현한다. 3악장으로 이뤄진 음악의 구조와 형식, 대위법의 요소가 마치 '눈으로 감상하는 바흐'처럼 펼쳐진다.

이처럼 무대세트와 의상 등 춤추는 주체를 제외하고 나머지 요소를 모두 제거하고자 한 발란신의 작품은 음악과 아주 밀접하게 호흡하며 움직임에서 비롯하는 순수한 아름다움을 한껏 끌어올렸다. 그는 이후로도 **협주적 교향곡**1947·**심포니 인 C**1947·**주제와 변주**1947·**알레그로 브릴란테**1956·**아곤**1957·**모차르티아나**1981 등 여러 작품에서 춤과 음악의 결합을 강조했다. 그리고 발란신의 작품은 오직 무용수만이 작품의, 무대의, 발레의 주인공이 될 수 있다는 것을, 나아가 비로소 움직임으로 완결한 추상적 아름다움이야말로 발레의 본질이라는 것을 보여준다.

## 포사이스의
## 발레에 의한 발레

20세기 중후반 발레의 새 지평을 연 발란신 스타일은 새 시대의 안무가에 의해 또 한 번 변혁을 경험하게 된다. 무대는 여전히 춤의 주인공인 무용수를 위해 비워졌고, 의상은 신체의 움직임을 부각하고자 더할 나위 없이 간결해졌다. 나아가 파열음 같은 박자만 남은 사운드 혹은 대중음악이 무대에 흘러나오기 시작했다. 음악마저 '클래식'에서 벗어났고, 무용수들은 미끄러지고 중심을 이탈하기를 두려워하지 않았다. 이전까지의 발레에서 경험한 적 없는 새로운 미감의 탄생. 그런데도 우리가 이를 전과 같이 '발레'라 부르는 건 춤의 본질이 발레 테크닉에서 비롯하는 점, 그리고 무엇보다 무대에 선 이들이 여전히 토슈즈를 신고 있다는 부분 때문일 것이다.

윌리엄 포사이스, 이 놀라운 예술가의 행보는 현재 진행형이다. 밀레니엄을 분기점으로 스타일과 창작 작업의 변혁을 이뤘고, 지금은 무대 위에 올리는 춤만 아니라 설치미술·영화·웹 등 공간적 제약을 두지 않고 예술 세계를 확장하고 있다. 특히 1984년부터 2004년까지 약 20년간 프랑크푸르트 발레에서 예술감독을 지내며 발표한 작품은 '새 시대의 발레'라 불러도 좋을 정도로 신선하고 충동적이며, 그래서 매력적이다.

프랑크푸르트 발레에서 한창 활동하던 1987년 발표한 **상승의 한가운데**를 통해 포사이스는 단숨에 스타로 떠올랐다. 분절된 동작과 예기치 못한 타이밍의 도약, 의도적으로 무게중심을 뒤흔드는 동시에 균형을 시도하는 동작들은 기존의 발레가 진부하게 느껴지던 동시대 관객의 눈을 번쩍 뜨이게 했다. 서로 다른 방향으로 나아가려 하며 호흡을 맞추기보다는 마치 경쟁하듯 밀고 당기는 남녀 무용수의 태도는 무대에 긴장감을 불어넣었다. 균형이 무너진 동작은 부자연스럽고 때론 기이하기까지 하지만, 세분된 움직임에서 느껴지는 안무가의 발레에 대한 접근 방식은 너무나 신선했다.

끊임없이 상승하고자 하는 엘레바시옹elevation의 특성을 가진 발레, 작품 제목은 그 몰입의 순간을 표현한 것으로 이해할 수도 있겠으나 창작진에 의해 밝혀진 비

하인드를 들고나면 꽤 허탈할 수도 있겠다. 작품을 준비하던 당시 제작진은 안무가에게 무대디자인에 관해 원하는 부분이 있는지 물었고, 포사이스는 "황금 체리 두 개"라고 짧게 답했다. 잠시간 침묵 뒤 제작진은 다시 물었다. "좋아요. 그걸 어디에 두면 좋을까요?" 포사이스가 답했다. "상승의 한가운데에." 그 대화는 곧 제목이 됐다. 현대 예술과 마주한 우리는 굳이 의도하지 않더라도 예술에 깃든 의미 혹은 상징을 해석해 내고자 부단히 노력한다. **상승의 한가운데**는 전통적인 발레 테크닉을 낱낱이 분해한 움직임에 적합하도록 신체를 맞추며 아무렇지 않게 무대를 소화해내는 무용수들의 모습처럼, 의도적으로 발레를 해체하고 재구성하는 과정을 통해 오늘의 발레를 창조하고자 한 안무가의 실험을 대변한다.

      그로부터 9년 후에 선보인 **정교함의 짜릿한 전율** 1996은 제목 그대로 정교한 발레 테크닉을 추구하는 과정에서 발생하는 전율을 감동으로 치환한다. 20세기 후반 왕성하게 창작 활동을 이어가며 발란신의 뒤를 이을 후예로 평가받은 포사이스 또한 초기에는 발란신의 춤 스타일을

---

←     상승의 한가운데에서 일시 정지해 수직에 가깝게 아라베스크 포즈를 취하는가 하면 토슈즈로 버틸 수 있는 한계까지 무게중심을 밀어붙이고, 경쟁하듯 밀고 당기는 파트너십을 보여준다. 기존 발레에서 경험하지 못한, 긴장과 이완이 교차하는 짜릿한 순간.

추구하며 음악과 조화를 이룰 것을 강조했다. 하지만 포사이스는 그 현장에서 한발 더 나아갔고, 발레 동작을 개념적으로 바라보고 춤추는 몸을 향해 객체적 관점으로 접근했다. 스스로 '모국어'라 지칭할 정도로 익숙한 발레에 대해 새로움을 창조하고자 한 것은 "발레는 내 몸에 기입된 과거에 지나는 것이 아니라 나와 함께 살아 있는 현재"이며, "그렇기에 과거의 발레를 거부하는 것이 아니라 지금의 발레를 하고 있다"는 지각에서 비롯했다.

슈베르트의 마지막 교향곡 가운데 4악장 '알레그로 비바체'를 음악으로 선택한 **정교함의 짜릿한 전율**은 남성 무용수 두 명과 여성 무용수 세 명의 조합으로 완성된다. 정갈한 5번 포지션에서 날렵한 선을 보여주는 시작, 더 빠르게 돌고 뛰며 절정을 향해 가는 마무리는 프티파와 발란신이 이룬 발레사에 대한 포사이스의 오마주로도 읽어 낼 수 있다. 전통적인 발레 문법을 해체하고 박자에 맞춰 정밀하게 설계된 안무를 통해 짜릿한 수행을 드러내면서도, 듀엣과 파드트루아 같은 구성이나 에폴망épaulement에서 기인하는 클래식발레 특유의 형식미와 우아함 또한 간직하고 있다. 빳빳하게 펼쳐진 클래식 튀튀를 닮았지만 너무나 현대적인 감각으로 재탄생한 아름다운 의상을 보는 것도 그 나름의 재미다. 유연성과 탄력을 갖추고 숱한 연습을 토대로 확신의 자세를 구축한 무용수들의 자신만만한 표정 역시 보는 것만으로 쾌감을 일으킨다.

　　　　이렇듯 포사이스는 발레로 '무엇'을 표현할 것인지를 넘어서 '어떻게' 표현할 것인지에 주목한다. 테크닉을 해체하고 재배열함으로써 문자 그대로의 발레를 실천하는 방식으로 말이다. 장르가 내포한 규범과 형식에서 비롯하는 안정감은 깨트리고, 무용수는 그의 작품을 춤추기 위해 스스로 몸을 파편화한다. 발레를 통해 발레를 부정함으로써 발레를 활성화한다. 그간 전승해 온 전통과 문법, 서사와 이미지는 이미 무력해진 지 오래다. 법칙과 관습이 사라진 곳에서 새로운 움직임과 이미지가 태어난다.

　　　　프랑크푸르트 발레와 결별한 후 완전히 다른 스타일의 작품을 발표해 온 그는 2016년부터 파리 오페라 발레·보스턴 발레·라 스칼라 발레 등 유수의 단체와 '블레이크 워크Blake Works' 시리즈를 작업하며 다시 '발레에 의한 발레Ballet ballets'를 실험하고 있다. 이로써 발레단이라는 전통을 고수하는 공동체 안에서 무용수들이 체득해 온 고전적 테크닉의 새로운 가능성을 발견하는 데 목표를 둔다.

　　　　그는 발레의 문법 자체를 부정하지 않는다. 오히려 클래식발레의 규범을 간직한 채 움직임 언어를 해체하고 재구성하기를 시도한다. 포사이스의 '모국어'를 향한 실험은 발레의 지형을 격렬하게 흔드는 동시에 새로운 기회의 땅으로 가꿔나가고 있다.

**예술은 또한 정치적이다**

객석에 앉아 공연에 집중하다가 어느샌가 그런 생각이 스친다. '그래서 지금 이런 전개가 옳다는 것인가?' 작품은 작품일 뿐 '예술을 위한 예술'의 자율성을 존중해야 한다는 의견도, 결국 사회적으로 구성되는 산물이니 외부적 영향을 배제할 수 없다는 주장도 모두 옳다. 예술을 감상하는 개개인의 의견은 다양하나, 생각해 볼 지점은 예술이 언제나 진실만을 말하지는 않는다는 것이다. 예술은 감각의 질서를 뒤흔들고 재구성해 무엇을 말하고 어떻게 보여줄지 조정한다.

누군가는 현실을 잊기 위해 예술을 구하는가 하면, 또 누군가는 예술 작품에서 우리 사회의 단면을 발견한다. 예술은 누군가에 의한 혹은 무엇을 위한 이념을 반영하는 동시에 그와 거리를 둠으로써 새로운 공간을 드러내기도 한다. 아이러니하게도 자연스럽지 않은 것을 당연한 듯 보이게 하는 건 예술이 가장 잘하는 일이기도 하다. 또한 이념을 담는 그릇이면서 한편으로는 그릇의 모양 자체를 바꾸는 힘을 지닌다. 예술은 이데올로기적이지만, 또한 그 이데올로기에 저항하고 교란하는 에너지를 갖고 있다.

"발레를 그것을 배출한 국가로부터 경솔히 분리하면 안 된다." 평론가 제니퍼 호먼스는 단언했다. 그럴 수밖에 없는 것이, 발레는 프랑스 절대왕정 시기에 꽃망울을 터뜨렸고 권력의 위엄을 강화하는 수단으로 존속했다.

18세기 영국에서는 시민문화의 초석을 세우는 데 이바지했고, 국가 차원에서 발레를 받아들인 소련은 제국을 서구화하기 위해 극장을 세우고 공연을 올렸다. 적어도 예술이 있는 곳에선 현실이 가려지기에, 발레는 많은 이들의 사랑을 받았고 누구든 이해하고 다가갈 수 있는 보편적인 언어로 이념에 동원됐다. 우리가 오늘날 '발레' 하면 먼저 떠올리는 러시아에서는 사실상 국가의 공식 예술이었다 해도 과언이 아니다.

    그러니 이제는 예술을 미학적일 뿐만 아니라 정치적으로도 바라보면 어떨까. 이념의 산물이면서도 그 경계를 넘어 새로운 감각의 가능성을 열어가는 정치적 실천으로서 예술을 마주할 때, 작품을 새롭게 바라볼 수 있을 것이다.

## 소련에서 러시아까지,
### 이념에 순응하고 사상을 걷어내며

대개 자유가 보장되고 창조성이 발휘되는 환경에서야 예술이 빛을 발할 수 있다고 생각한다. 그러나 적어도 20세기 초반 소련에서만큼은 국가가 있기에 발레가 가능했다. 당시 구시대를 대표하는 예술로 여겨진 발레는 파괴될 위협에 처했고, 예술가들은 국가의 통제에 타협하고 사회주의 리얼리즘에 동조할 수밖에 없었다. 다행히도 발레는 인민대중에게 퍼져나가면서 죽어가던 예술에 숨을 불어넣게 됐고, '드람발레drambalet'라 불리는 스타일이 등장했다.

이때의 발레 작품은 형식적 가치는 좀 내려두고 드라마를 강조하는 구성으로 나아갔다. 이야기를 전달하기 위한 연기와 표현을 강조한 발레닥시옹으로부터 프티파 스타일에 이르기까지 지속적으로 강조해 온 발레 마임을 지양하고, 좀 더 현실에 친숙한 표현 방식을 찾고자 했다. 드람발레는 순결을 추구하는 여성과 용감한 남성, 영웅다운 면모를 지닌 노동자에 관한 이야기를 다뤘고, 이전까지의 상징적이고 추상적인 발레는 금지됐다. 낭만성의 정점에 있던 발레리나는 사라진 지 오래였다. 거칠지만 명확한 표현 중심의 발레가 삶의 일부처럼 스며들었다.

갈라 공연의 파드되나 콩쿠르 작품으로 좀 더 친숙한 **파리의 불꽃**은 드람발레가 막 태동하던 시기인 1932년 레닌그라드 키로프 극장에서 공연됐다. 캐릭터 무용수로 활동하던 바실리 바이노넨이 안무했으며, 전막 공연을 보면 마치 발레보다는 한 편의 뮤지컬을 감상하는 기분이 든다. 이야기를 철저하게 고증하고자 다양한 무대장치가 쉴 새 없이 등장하며, 춤 역시 발레의 형식적 아름다움보다는 표현과 메시지 전달을 위한 동작으로 짜여 있다. 보리스 아사피예프가 작곡한 음악에는 합창이 적지 않게 포함돼 마치 종합극 같은 느낌을 내는 데 일조한다.

표면적으로는 프랑스혁명을 배경 삼아 젊은이들의 이야기를 다루지만, 금세 눈치챌 수 있듯이 핵심 소재는 러시아 2월혁명이다. 사회체제를 전복하고자 혁명에 동참한 젊은이들이 중심에 자리하며, 민중은 민속 분위기가 물씬한 군무를 펼친다. 신분이 뚜렷하게 드러나는 의상은 플롯의 이해를 높이기 위한 보조 장치로 활용되기도 한다. 민중은 활력 넘치는 모습으로 빠른 속도의 민속춤을 소화하고, 이에 비해 귀족은 느릿하고 정적인 궁중의 바로크 댄스를 선보인다.

이처럼 심리 표현보다는 이야기의 전개와 이에 어우러진 화려한 기교가 눈에 띈다. 이윽고 클라이맥스에 가까워지는 시점에 펼쳐지는 남녀 주인공의 파드되는 관객을 열광하도록 만든다. 남성 캐릭터인 제롬과 필리프, 여성인 잔느가 마치 파드트루아처럼 합을 맞추는 2막의 앙상블은 심장을 쿵쿵 두드려대는 타악 반주와 테크닉 중심의 유쾌한 안무 구성으로 객석에서 박수가 터져 나오도록 유도한다. 이쯤 되면 관객은 이런 생각이 든다. 우리가 비록 힘들었지만, 이토록 열정적으로 투쟁한 끝에 지금의 평화를 얻었노라고.

그리하여 이 작품은 초연한 지 백년여 지난 지금, 시대성을 결여한 채 잊혔을까? 놀랍게도 안무가 알렉세이 라트만스키에 의해 2008년 복원 및 개정된 프로덕션이 오늘날 여전히 공연되고 있다. 현재 미국을 중심으로 활동하고 있는 그는 레닌그라드에서 태어나 2004년부터 2008년까지 볼쇼이 발레 예술감독을 지냈다. 특히 지난 세기의 고전발레를 새롭게 다듬어 무대에 올리는 데 관심을 둔 라트만스키는 "1930년대 안무가들이 더 대담했다"

면서, 1930년대와 1940년대 발레가 그에 깃든 사상을 제거하고 현재에 맞게 재해석된다면 동시대적으로 충분히 공감대를 형성할 수 있다고 생각했다.

그런가 하면 2001년 이래 국립발레단 레퍼토리로 포함되며 국내에도 알려진 **스파르타쿠스**는 타이틀롤인 노예 검투사 스파르타쿠스가 로마군으로부터 자유를 쟁취하기 위해 반란을 일으키는 내용을 다룬다. 춤과 무대는 물론 시각적으로도 계급의 대립이 뚜렷하게 드러나는 이 작품은 **파리의 불꽃**과는 또 다른 양상의 변화를 겪어왔다. 시작은 1956년 레오니드 야콥손이 발표한 관능적이고 파격적인 프로덕션이었다. 관객의 반응은 참담했다.

그러나 이 작품은 이후 유리 그리고로비치의 손을 거쳐 1968년 볼쇼이 극장에서 새롭게 태어났다. 드람발레를 바탕으로 삼되 고전발레의 순수하고 추상적인 안무를 기입하는, 당시로서는 그 나름대로 파격적인 시도를 한 것이다. 그렇게 **스파르타쿠스**는 길게 뻗은 다리를 드러낸 여성 무용수의 관능적인 춤과 상반신을 탈의한 남성 무용수의 힘이 넘치는 전투 같은 춤을 동력 삼아 볼쇼이 극장을

← 잔느·제롬·필리프가 앙상블을 이루는 왁자지껄한 춤은 전통적인 형식미를 갖춘 발레라기보다는 발레를 토대로 삼은 민속춤에 가깝다고 보는 것이 옳지 않을까. 시원스러운 기교와 유쾌한 표현으로 관객이 열화와 같은 호응을 보내게 하는 것이 이 작품의 매력이다.

상징하는 작품으로 부상했다.

고전발레에서 여성 무용수를 들어 올리는 존재로 전락한 남성 무용수들은 **스파르타쿠스**에서 여성 중심의 구도를 완전히 전복시켰다. 춤은 남성미를 강조하는 동작으로 구성됐고, 남성 앙상블의 비중이 눈에 띄게 늘어났다. 작품에서 남녀 주인공의 춤은 그랑파드되grand pas de deux 형식이 아닌 듀엣으로 등장한다. 이때 스파르타쿠스는 프리기아를 한 손으로 든 채 무대를 천천히 활보하는가 하면, 겨우 손바닥 위에 여성 무용수의 온몸을 맡기는 서커스에 가까운 기예로 박수를 받았다. 몸을 혹사하는 것으로 보일 정도로 분투하는 춤은 결국 웅장미로 치환돼 감동을 만들어내는 데 성공했다. 여성은 날렵하게 뛰고 돌며 절망스러운 상황에서도 희망을 춤추고, 남성은 그에 응답하듯 원초적인 힘을 발산한다. 정교하게 세공된 움직임이 아닌, 날것의 분위기가 물씬하다.

그러나 **스파르타쿠스**는 자국의 열광적인 반응에도 불구하고 철의 장막을 넘지는 못했다. 작품은 물론 기념비적으로 남았으나, 소련의 발레는 그것이 태동한 장소의 민중을 위한 것 이상이 되지 못했다. 라트만스키와 같은 안무가의 노력으로 몇몇은 영미권에서 공연되기도 했으나 앞으로 시간이 더 흐른다 해도 소련의 발레가 새롭게 평가받고, 국경을 넘어서는 일은 쉽지 않을 것이다.

공연예술은 어느 국가에서든 권력과 문화가 밀접하게 작동하는 장르다. 그중에서도 춤은 문자 언어를 필요로 하지 않으며, 형식미를 갖추고 시각적인 웅장함과 감정 표현까지 소화할 수 있는 발레는 국가가 내세우는 이념과 권위를 미적으로 포장하기에 너무나 유용하지 않은가. 단지 그 주체가 국가가 아닐 뿐, 오늘날에도 이념은 우리가 흐린 눈으로 바라보는 사이에 예술에 스며들고 있다. 한국 창작발레도 예외는 아닐 것이다. 목적성을 띠고 이념을 내포한 작품일지라도 그 나름대로 예술성을 가진다면 충분히 관객의 공감을 얻을 수 있다. 다만 그에 대한 진실한 평가는 후대에 이뤄져야 할 것으로 믿는다.

우아하게 살아가기 위하여

자기 삶의 중심을 잡는 것조차 버거울 정도로 바쁘게 돌아가는 현대사회에서 우아함을 이야기하는 것은 사치일까. 잘 짜인 계획, 쉬기보다는 무언가를 해내야 하는 것이 미덕인 것처럼 여겨지는 오늘날 여유란 애써 노력해야 누릴 수 있는 것이 되어버린 지 오래다. 삶은 언제나 급박하게 돌아가고, 타인을 대할 때 인내와 이해는 점점 더 짧아지고 있지 않은가. 이런 시대에 우아함을 찾는 것이 사치라고 한다면, 기꺼이 애를 써서 호사를 부려보라고 이야기하고 싶다. 물론 삶에서 우아함이 단순한 외양, 동작이나 표정, 격식만으로 완성되는 것은 아닐 터. 생각과 감정, 나아가 삶을 대하는 태도와 깊게 연결된 우아함, 고상함, 그리고 그에서 비롯하는 매력까지.

　　　　발레는 우아한 춤이다. 아니, 실상 우아함을 빼놓고는 이야기를 시작할 수 없는 춤이다. 그 출발점이 프랑스 궁정에 있기도 하거니와, 태생적으로 사교와 정치를 위한 춤이라는 성격 또한 갖췄으니 말이다. 발레의 토대가 되는 궁정춤은 이탈리아에서 출발해 프랑스에서 만발했다. 15세기 이탈리아 귀족 사이에서 흥행한 여흥과 무도회를 중심으로 다양한 구경거리가 생겨났고, 여러 양식이 하나의 예술로 결합한 르네상스 시대의 연회가 프랑스 궁정으로 전해지면서 '발레'라는 이름을 얻게 된 것. 프랑스 역대 왕의 적극적인 후원과 지지로 이 시기 궁정에서 연회와 춤은 빼놓을 수 없는 중요한 행사로 자리 잡았다. 왕이 여는 연회에 참석하는 것은 당시 귀족의 의무일 정도. 그리하여 최초의 발레로 기록되는, 앙리 3세 치하 1581년 열린 **왕비의 희극 발레**Ballet Comique de la Reine를 시작으로 발레는 점차 장대함과 극적인 장치를 더해 갔다. 그리고 여기에 국가의 후원을 받으며 화려한 무대장치를 배경으로 삼아 특정한 양식을 갖춘 춤을 통해 서사를 전달하는 예술 형식을 정립하게 된다. 르네상스 시대 궁정을 중심으로 춘 사교춤에서 시작했으니 '발레'라는 장르가 고고함의 매력을 내포한 것은 자연스러울 수밖에 없다.

발레는 왕족을 중심으로 한 국가 행사나 최소한 국가가 후원하는 행사에서나 공연할 수 있었기에 당연하게도 왕과 국가의 권위를 공고히 하고 위엄을 세우기 위한 목적을 지녔다. 루이 13세는 발레를 정치적으로 이용해 왕권을 차지했고, '태양왕'으로 알려진 루이 14세 또한 발레를 통해 통치 이념을 전달하는 방식을 취했다.

발레를 너무나 사랑했던 루이 14세는 떠오르는 태양과 자신을 동일시한 나머지 **밤의 발레**Ballet Royal de la Nuit에선 아폴론으로 출연했고, 공연이라는 형식을 빌려 다수의 귀족을 자신의 발아래 엎드리게 했다. 그의 나이 15세 때의 일이며, 신체의 한계로 더는 춤추기 어려워질 때까지 20년 넘게 발레를 연습했다고 알려진다. 발레는 자고로 예법을 갖춘 춤이고, 춤추는 것은 곧 그러한 예법을 통해 자신의 위엄과 권위를 고상하게 드러내는 일이었다. 17세기 프랑스 궁정의 실상을 그린 영화 **왕의 춤**Le Roi Danse, 2001에 보이듯이, 그는 실제 삶이 어떠했듯 무대에 서는 순간만큼은 근심 걱정과 불안을 뒤로하고 정해진 규칙에 따라 당당하고 기품 넘치는 주인공으로 나섰다.

　　　발레를 아는 것은 나아가 우리 삶에 우아함을 더해 주는 일이다. 예술에서 비롯하는 태도를 바라보며 그 세련미와 기품을 느껴본다. 이로써 함께 살아가는 사회의 원칙을 지키는 가운데 나만의 속도와 표현을 더해 본다면 어떨까. 보고 느끼는 것을 넘어 즐기고 감응할 때 감상자 또한 우아함의 물결에 올라탈 수 있을 터이니.

## 더할 나위 없는 조형미의
### '잠자는 숲속의 미녀'

　　　　오로라 공주의 세례가 있던 날, 요정 카라보스는 초대받지 못한 데 앙심을 품고 공주가 16번째 생일을 맞이하면 죽게 될 것이라고 저주를 내린다. 이에 라일락 요정은 그 저주를 죽음이 아닌, 백 년간 잠에 빠지는 것으로 바꾼다. 예언대로 공주는 열여섯 생일날 바늘에 손을 찔려 잠들고 말지만, 자신을 깨우러 온 왕자의 입맞춤에 긴 잠에서 깨어나 결혼식을 치른다는 이야기.

　　　　동명의 동화에서 이야기를 가져와 만든 고전발레 대표작 **잠자는 숲속의 미녀**의 줄거리다. 어쩌면 이 단순하고도 동화적 환상에 그칠 수 있는 이야기를 화려하고 훌륭한 발레로 탄생시킨 이가 있으니, '고전발레의 아버지'이자 러시아 발레를 대표하는 인물로 꼽히는 마리우스 프티파다. **백조의 호수**1877를 비롯해 **돈 키호테**1869·**호두까기 인형** 1892·**라 바야데르** 등 프티파의 작품을 언급하지 않고 발레사를 짚기란 불가능할 정도다. 그중에서도 고전발레의 형식 체계에서 비롯하는 아름다움과 화려한 테크닉, 웅장한 스타일을 생각한다면, **잠자는 숲속의 미녀**는 고전발레의 우아미를 가장 잘 보여주는 작품이라 할 것이다.

사실 발레는 그렇게 어려운 예술이 아니다. 특히 고전발레는 그 규칙이 너무나 명확하기에 조금만 알고 본다면 이토록 짜임이 간명하게 느껴지는 장르도 없다. 3막 혹은 4막 규모로 구성되는 거대한 서사, 바로크적 웅장함이 깃든 장대한 형식, 극적이고 풍성한 장면, 화려한 의상, 눈부신 무대 등 스펙터클과 형식미를 갖춘 움직임이 결합해 관객의 눈을 사로잡는다.

프티파는 자신만의 안무 철학을 갖고 여러 작품을 통해 이를 발전시켜 오늘날 발레의 규범을 확립했다. 특히 내러티브가 중요한 장면에서 남녀 주인공이 추는 2인무인 그랑파드되는 고전발레만 아니라 발레라는 장르 전반에서 하이라이트로 꼽히는 장면이다. 그랑파드되는 남녀가 함께 추는 느리고 우아한 춤인 '아다지오adagio'로 시작해 차례로 남성과 여성이 자신의 장기를 보여주는 솔로 바리아시옹variation, 그리고 눈부신 테크닉으로 마무리하는 '코다coda'로 맺는다. 이때 남성 무용수는 주로 무대를 크게 사용하며 점프나 턴을 선보이고, 여성 무용수는 제자리에서 32바퀴 넘게 회전하는 푸에테fouetté로 마지막을 장식하곤 한다.

그랑파드되는 프티파의 고전발레가 정립한 규칙이자, 전막 공연이 어려운 환경에서 발췌해 공연해도 작품 전체의 감흥을 경험할 수 있도록 하는 좋은 장치다. 마치 2시간가량 공연이 진행됐으며 모든 갈등이 해결된 끝에 대미를 장식하고자 등장한 남녀 주인공처럼, 작품의 핵심 부분만 모아놓은 갈라 공연에 올린 그랑파드되는 발레의 전형이 되는 이미지로 자리 잡았다. 또 이러한 형식이 발전하면서 테크닉과 파트너십, 특히 남성 무용수의 여성 리프트 기술은 상당히 중요한 부분으로 자리매김했다.

**잠자는 숲속의 미녀** 속 한 장면을 보자. 입맞춤으로 단숨에 백 년의 저주를 풀어버린 데지레 왕자와 오로라 공주가 결혼하는 3막 그랑파드되에는 '피시 다이브fish dive'라 불리는 동작이 등장한다. 남성 무용수가 아라베스크 자세를 취한 여성의 허리만 잡은 채 무릎 위에 올려두고 버티는 자세다. 마치 물가로 뛰어드는 물고기를 순간 붙잡은 듯한 모습이라고 해서 이름 붙여진 피시 다이브는 이 파드되의 핵심 포즈로 기억된다.

이야기를 이해하는 데 필요한 것은 아니지만, 흥미와 볼거리를 위한 짧은 춤 '디베르티스망divertissement'

이 배치된 것도 고전발레 시기의 변화다. **잠자는 숲속의 미녀** 3막 결혼식 장면에 등장하는 파랑새 춤이나 고양이 춤, 빨간 망토와 늑대의 춤, **호두까기 인형** 2막에서 이어지는 여러 나라의 민속춤을 보며 머릿속에 물음표가 찍힌 적이 있지 않았나. 이질적이면서도 색다른 퍼레이드 같은 춤의 나열은 작품의 전체 구성을 풍성하게 해주고, 관객을 즐겁게 해주는 유희적 요소다. 관객은 고전발레가 가져온 변화에 열광했고, 자연스레 장르의 발전도 빠르게 이뤄졌다. 토슈즈를 신은 발레리나가 발끝으로 서 있는 시간은 점점 더 늘어났고, 아라베스크를 위해 들어 올린 다리 각도는 허리선을 넘어섰으며, 회전은 더 많이, 점프는 더 높게, 그리고 움직임은 더욱 커졌다. 박수갈채가 쏟아질수록 춤은 더 우아하고 더 화려해졌다.

  제목부터 공주의 이야기를 다룬 발레답게 시선을 사로잡는 무대와 의상으로 황홀하게 시작하는 **잠자는 숲속의 미녀**는 마치 궁전 곳곳에 놓여 자기 역할에 충실한 각종 조각품을 보는 것 같은 정돈된 대칭성이 돋보인다. 서곡이 끝나고 1막이 시작되면 가장 먼저 반기는 건 요정들의 춤인데, 무대 가운데에 여섯 요정이 여러 대형을 만들면 좌우로 12명의 코르드발레가 안정적으로 감싼 채 춤을 전개한다. 남녀 각 12명의 코르드발레가 짝지어 군무를 이루니 안정감이 더할 나위 없다.

프티파는 이렇듯 안무를 구상하면서 대칭 구성을 선호했는데, 특히 오로라 공주가 추는 '로즈 아다지오'에서는 발레를 처음 보는 관객일지라도 이러한 특징을 쉽게 발견할 수 있다. 8명의 시녀가 배경으로 서고, 4명의 청혼자와 1명의 주인공이 짝을 이루는 이 장면은 이른바 '4의 배수' 안무를 보여준다. 동작은 언제나 4회 반복을 기본으로 하되, 네 번째에는 약간의 변화를 더하는 것이다. 이로써 안정적으로 춤을 감상할 수 있고, 반복을 알아차릴 즈음이면 변주가 이뤄지니 지루해질 걱정도 없다.

구혼자들로부터 장미꽃을 한 송이씩 건네받아 차례로 한 바퀴, 두 바퀴, 세 바퀴, 그리고 네 바퀴 회전한 후 아라베스크 동작으로 이어지는 로즈 아다지오의 시그니처 장면은 그렇게 프티파의 안무 전략에 따라 탄생했다. 고전발레의 조형미란 단순히 구성만 아니라, 코르드발레-솔로이스트-주역 무용수의 위계를 시각적인 배치에 반영하고, 이를 통해 안정적인 형식화를 이루고자 했던 안무가의 의도에 따라 완성됐다. 누군가는 보수적이라고 하겠으나 그가 구축한 발레의 기본 전략은 이후 이를 변주하거나 부정하며 또 다른 스타일이 생겨나게 하는 중요한 토대가 된 것이 사실이다. 관객 또한 그러한 구조를 통해 안정적으로 자리잡은 발레의 우아한 아름다움을 감상하게 된다.

## 새로움, 가장 고전적인
### '주제와 변주'

지휘자의 손짓에 맞춰 음악이 먼저 시작되고, 막이 열리면 대칭으로 자리한 8명의 코르드발레, 4명의 솔로이스트, 그리고 남녀 주역 무용수 2명의 모습이 보인다. 관객을 향해 두 발을 완벽하게 교차한 5번 포지션을 취하고 두 팔은 작게 벌린 알라세콩à la seconde 자세로.

30초 남짓의 서곡, 그리고 잠시의 휴지, 바이올린의 첫 멜로디에 맞춘 여성 주역 무용수의 움직임으로 작품이 시작된다. 무도회에서 처음 만난 남녀가 서로에게 정중하게 인사하듯 같은 스텝을 여성 먼저, 그리고 남성이 반복한다. 모든 관객의 시선이 집중되는 이 순간, 무용수의 첫 번째 스텝은 다름 아닌 세 번의 탄뒤tendu다. 크로아제croisé와 에파세effacé를 교차 반복하는 이 구성은 제국주의 시절 러시아의 예법을 상기하는 동시에 관객을 향해 몸을 여닫으며 인사를 건네는 의미가 있다. 가볍게 탄뒤로 시작한 동작은 차근차근 고전발레의 문법에 따라 단계를 더해가며 변주된다.

발레는 다섯 가지 발 포지션, 여덟 가지 팔 포지션, 그리고 여덟 가지 몸 방향을 기본으로 동작을 구성한다. 팔과 다리를 엇갈리게 하고 몸 방향은 정면을 비껴나 사선을 향하는 '크로아제' 동작은 조형적인 아름다움을 보여준다. 한편 같은 동작이지만 몸의 앞면을 무대 정면에 개방하는 '에파세'의 경우 객석을 향해 몸을 활짝 열고 당당한 기세를 보여준다.

누구든 따라 할 수 있을 것 같은 쉬운 동작이지만, 반면 그렇기에 무용수는 그 가벼운 동작 하나에도 자신의 오라aura를 드러내야만 한다. 무게중심을 지지하는 다리는 완벽한 각도에 가깝게 턴아웃하고, 반대쪽 다리는 정확한 방향으로 뻗어내며, 아래로는 둥글고 아름답게 휜 발등이 자리하고, 위로는 턱끝을 들어 객석 2층을 바라보는 당당한 시선까지 더해질 때 비로소 완성되는 이미지다. 춤이 시작된 지 단 여덟 박자 안에, 단순하지만 세공된 동작으로 관객이 고전의 우아함에 감탄을 터뜨리게 해야 한다.

**잠자는 숲속의 미녀** 이후 반세기, 발란신은 자신이 태어난 러시아에서 배운 고전발레 스타일과 프티파의 유산에 대한 경의를 담아 **주제와 변주**를 만들었다. 1947년 안무가의 초기 시절에 발표한 이 작품은 그의 대표작 **바로크 협주곡·네 가지 기질·심포니 인 C**에 연이어 발표된 것으로, '신고전주의'라 불리는 그의 스타일을 정립한 대표작이다. 특히 이러한 작품에는 바가노바 메소드를 익히고 미국으로 떠나온 그의 향수가 짙게 배어 있다. 그는 작품을 창작하고 춤추는 데 음악을 중요하게 여겼기에, 초기 작품에서는 구조와 형식이 명확한 클래식음악(특히 고전파 음악)을 주로 선택했다. 발란신은 **주제와 변주**에 프티파가 사랑했고, 러시아 제국주의 성격이 명확하며 다수에게 익숙한 차이콥스키의 음악을 선정해 러시아 발레가 부흥한 고전발레의 전성기를 상기하고자 했다.

주제와 12개의 변주곡으로 구성된 음악적 모티프와 마찬가지로, 작품을 이루는 주요한 주제를 두고 리듬과 선율, 화성에 변화를 가미한 것이 작품의 골자다. 각 선율에 박자 단위로 안무를 설정하고, 차이콥스키의 악보를 섬세하게 해석해 구조와 형식, 배치 면에서 다채롭게 변주를 시도했다. 나아가 계급에 따라 각각 무용수의 구도를 8명-4명-1명으로 놓은 뒤 동일한 숫자의 남성 무용수를 파트너로 배치했고, 이들은 무대 상하 혹은 좌우로 절반씩 나뉘어 안정적인 대칭 구성을 이룬다. 코르드발레는 일렬로 늘어서고, 솔로이스트 네 사람이 나란히 선 채 무대 앞

쪽으로 행진하는 공간 사용은 프티파가 전막 발레에서 주로 보여주는 양식을 따른 것이다. 더불어 발끝으로 선 상태로 다른 무용수들의 손을 맞잡은 채 고난도의 밸런스 동작을 수행하는 장면은 **잠자는 숲속의 미녀**의 '로즈 아다지오'를 연상하게 한다.

그런데 독특한 것은 작품이 절반이나 진행될 때까지 주역을 제외하곤 남성 무용수가 등장하지 않는다는 점이다. 남성 무용수 12명은 비로소 클라이맥스에 이르는 마주르카 장면에 등장해 대미를 장식한다. 남성 무용수의 역할은 발레리나를 안정적으로 지지하며 더 높이 들고 더 많이 회전하게 하는 것이라는, 고전발레의 폐단까지도 이 작품에 은근하게 반영된 것이다. 고전발레의 형식미는 간소하게 정리하면서 그에 깃든 우아미를 극대화한 **주제와 변주**는, 현실 세계를 떠나 예술이 전해 주는 아름다움을 만나고자 한 관객의 취향을 충실하게 만족시켰다.

발란신 트러스트George Balanchine Trust의 엄격한 저작권 관리와 별개로 발레단마다 서로 다른 분위기의 무대를 선보이는 것은 오늘날 그의 작품을 반복해서 감상하게 만드는 이유가 된다. **주제와 변주**에서는 대개 무대 좌우

---

← 　　저작권이 엄격하게 관리되는 작품이지만, 그 가운데에도 발레단마다 개성이 무대에 나타난다. 파리 오페라 발레는 푸른 계열의 색감을 택하면서 의상의 채도를 달리해 무용수의 계급을 은근하게 드러냈다.

에 그리스 신전 양식의 기둥이 세워지고, 위편에는 화려한 샹들리에가 드리운다. 무용수들은 클래식 튀튀를 갖춰 입은 채 왕관을 쓰고, 때때로 황실 스타일을 강조하기 위해 의상에 띠를 두르기도 한다. 화려한 발레 무대를 통해 러시아 제국이 번영하던 한때를 보여주며, 결국 발레사에 새로운 장을 연 발란신의 업적 역시 훌륭한 선대의 유산이 있었기에 가능하다는 것을 은근하게 드러낸다. 그렇게 시대가 지나고 스타일은 변화할지라도 발레에 깃든 우아함은 끝없이 변주된다.

# 작품 찾아보기

## 죽음, 끝이 아닌 탄생
### 로미오와 줄리엣 *Romeo and Juliet* (1965)
**안무**  케네스 맥밀런 Kenneth MacMillan
**음악**  세르게이 프로코피예프 Sergei Prokofiev
　　　'로미오와 줄리엣'
**초연**  로열 발레 Royal Ballet

### 로미오와 줄리엣 *Romeo and Juliet* (1996)
**안무**  장 크리스토프 마요 Jean-Christophe Maillot
**음악**  세르게이 프로코피예프 Sergei Prokofiev
　　　'로미오와 줄리엣'
**초연**  몬테카를로 발레 La Compagnie des Ballets de Monte Carlo

### 젊은이와 죽음 *Le Jeune Homme et la Mort* (1946)
**안무**  롤랑 프티 Roland Petit
**음악**  요한 제바스티안 바흐 Johann Sebastian Bach
　　　'파사칼리아와 푸가'
**초연**  샹젤리제 발레 Ballets des Champs-Élysées

### 지젤 *Giselle* (1841)
**안무**  장 코랄리 Jean Coralli
　　　쥘 페로 Jules Perrot
**음악**  아돌프 샤를 아당 Adolphe Charles Adam
　　　'지젤'
**초연**  파리 오페라 발레 Ballet du Théâtre de l'Académie Royale de Musique
　　　(Ballet de l'Opéra national de Paris)

## 무너질 때 비로소 시작되는 사랑이란
### 오네긴 *Onegin* (1965)
**안무**  존 크랭코 John Cranko
**음악**  표트르 일리치 차이콥스키 Pyotr Ilyich Tchaikovsky
　　　쿠르트 하인츠 슈톨체 Kurt-Heinz Stolze
**초연**  슈투트가르트 발레 Stuttgart Ballet

**공원 Le Parc (1994)**
**안무**   앙줄랭 프렐조카주Angelin Preljocaj
**음악**   볼프강 아마데우스 모차르트Wolfgang Amadeus Mozart
　　　　피아노 협주곡 14번, 15번, 23번 외
**초연**   파리 오페라 발레Ballet de l'Opéra national de Paris

## 무대라는 세계를 지각하는 주체, 몸
**카르멘 Carmen (1949)**
**안무**   롤랑 프티Roland Petit
**음악**   조르주 비제Georges Bizet '카르멘'
**초연**   파리 발레Les Ballets de Paris

**카멜리아의 여인 La Dame aux Camélia (1978)**
**안무**   존 노이마이어John Neumeier
**음악**   프레데리크 쇼팽Fryderyk Chopin
　　　　소나타 3번, 피아노 협주곡 2번, 화려한 왈츠, 발라드, 즉흥곡,
　　　　에코세즈, 전주곡, 화려한 환상곡, 안단테 스피아나토와 화려한
　　　　대폴로네즈
**초연**   슈투트가르트 발레Stuttgart Ballet

**벨라 피구라 Bella Figura (1995)**
**안무**   이르지 킬리안Jiří Kylián
**음악**   루카스 포스Lukas Foss '살로몬 로시 모음곡'
　　　　G.B. 페르골레시G.B. Pergolesi '스타바트 마테르'
　　　　알레산드로 마르첼로Alessandro Marcello 오보에 협주곡
　　　　안토니오 비발디Antonio Vivaldi 두 대의 만돌린을 위한 협주곡
　　　　주세페 토렐리Giuseppe Torelli '크리스마스 협주곡'
**초연**   네덜란드 댄스 시어터Nederlands Dans Theater

## 극장이라는 환상, 현실이라는 환멸
**라 실피드 La Sylphide (1832/1836/1972)**
**안무**   필리포 탈리오니Filippo Taglioni (1832)
　　　　아우구스트 부르농빌August Bournonville (1836)

|       |                                                                                    |
|-------|------------------------------------------------------------------------------------|
|       | 피에르 라코트Pierre Lacotte (1972)                                                  |
| 음악  | 장 마들렌 슈네츠외퍼Jean-Madeleine Schneitzhoeffer (1832/1972)                      |
|       | 헤르만 세베린 뢰벤시올Herman Severin Løvenskiold (1836)                             |
| 초연  | 파리 오페라 발레Ballet de l'Opéra national de Paris (1832/1972)                    |
|       | 로열 데니시 발레Royal Danish Ballet (1836)                                          |

## 코펠리아 *Coppélia* (1870)
**안무** 아르튀르 생 레옹Arthur Saint-Léon
**음악** 레오 들리브Léo Delibes '코펠리아'
**초연** 파리 오페라 발레Ballet de l'Opéra national de Paris

## 라 바야데르 *La Bayadère* (1877)
**안무** 마리우스 프티파Marius Petipa
**음악** 루트비히 민쿠스Ludwig Minkus '라 바야데르'
**초연** 마린스키 발레Imperial Ballet (Mariinsky Ballet)

### 움직임은 어떻게 아름다운가
## 세레나데 *Serenade* (1935)
**안무** 조지 발란신George Balanchine
**음악** 표트르 일리치 차이콥스키Pyotr Ilyich Tchaikovsky
'현을 위한 세레나데'
**초연** 아메리칸 발레American Ballet

## 상승의 한가운데 *In the Middle, Somewhat Elevated* (1987)
**안무** 윌리엄 포사이스William Forsythe
**음악** 톰 빌럼스Thom Willems '상승의 한가운데'
**초연** 파리 오페라 발레Ballet de l'Opéra national de Paris

## 정교함의 짜릿한 전율 *The Vertiginous Thrill of Exactitude* (1996)
**안무** 윌리엄 포사이스William Forsythe
**음악** 프란츠 슈베르트Franz Schubert
교향곡 9번 4악장
**초연** 프랑크푸르트 발레Ballett Frankfurt

## 예술은 또한 정치적이다
### 파리의 불꽃 *Flames of Paris* (1932/2008)
**안무**  바실리 바이노넨Vasily Vainonen (1932)
       알렉세이 라트만스키Alexei Ratmansky (2008)
**음악**  보리스 아사피예프Boris Asafyev
       '파리의 불꽃'
**초연**  마린스키 발레Kirov Ballet (Mariinsky Ballet, 1932)
       볼쇼이 발레Bolshoi Ballet (2008)

### 스파르타쿠스 *Spartacus* (1956/1968)
**안무**  레오니드 야콥손Leonid Yakobson (1956)
       유리 그리고로비치Yury Grigorovich (1968)
**음악**  아람 하차투리안Aram Khachaturian
       '스파르타쿠스'
**초연**  마린스키 발레Kirov Ballet (Mariinsky Ballet, 1956)
       볼쇼이 발레Bolshoi Ballet (1968)

## 우아하게 살아가기 위하여
### 잠자는 숲속의 미녀 *The Sleeping Beauty* (1890)
**안무**  마리우스 프티파Marius Petipa
**음악**  표트르 일리치 차이콥스키Pyotr Ilyich Tchaikovsky
       '잠자는 숲속의 미녀'
**초연**  마린스키 발레Imperial Ballet (Mariinsky Ballet)

### 주제와 변주 *Theme and Variations* (1947)
**안무**  조지 발란신George Balanchine
**음악**  표트르 일리치 차이콥스키Pyotr Ilyich Tchaikovsky
       모음곡 3번 4악장
**초연**  아메리칸 발레 시어터Ballet Theatre (American Ballet Theatre)

도판 출처

010

**©Bill Cooper/Royal Ballet and Opera/ArenaPAL**

*Romeo and Juliet,* choreography by Kenneth MacMillan

Melissa Hamilton (Juliet) and Edward Watson (Romeo), The Royal Ballet at the Royal Opera House, London, UK; 10 March 2012

019

**©Marilyn Kingwill/ArenaPAL**

*Le Jeune Homme et la Mort,* choreography by Roland Petit

Ivan Vasiliev, at the London Coliseum, London, UK; 18 March 2014

034

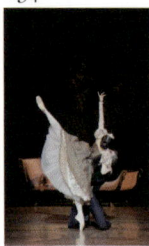

**©Agathe Poupeney**

*Onegin,* choreography by John Cranko

Sae Eun Park (Tatiana) and Germain Louvet (Onegin), Ballet de l'Opéra national de Paris at the Palais Garnier, Paris, FRANCE; 24 February 2025

042-043

©**Agathe Poupeney**
*Le Parc,* choreography by Angelin Preljocaj
Alice Renavand, Ballet de l'Opéra national de Paris at the Palais Garnier, Paris, FRANCE; 24 December 2013

054

©**Studio Kenn**
*Carmen,* choreography by Roland Petit
Hannah O'Neill (Carmen) and Antonio Conforti (Don José), Ballet Gala of Étoiles in Paris at the Opera Theater, Seoul Arts Center, Seoul, Republic of KOREA; 20 JULY 2024

069

©**Gregory Batardon/Ballett Zürich**

*Bella Figura,* choreography by Jiří Kylián

Sujung Lim, Ballett Zürich at the Opernhaus Zürich, Zürich, SWITZERLAND; 02 February 2019

078-079

©**Agathe Poupeney**

*La Sylphide,* choreography by Pierre Lacotte

Dorothée Gilbert (Sylphide), Mathieu Ganio (James) and Mélanie Hurel (Effie), Ballet de l'Opéra national de Paris at the Palais Garnier, Paris, FRANCE; 24 JUNE 2013

098

©**Agathe Poupeney**

*In the Middle, Somewhat Elevated,* choreography by William Forsythe

Laurène Levy and Daniel Stokes, Ballet de l'Opéra national de Paris at the Palais Garnier, Paris, FRANCE; 30 November 2012

108

©**Nigel Norrington/ArenaPAL**

*Flames of Paris*, choreography by Alexei Ratmansky
Natalia Osipova (Jeanne), Ivan Vasiliev (Philippe) and Andrei Merkuriev (Jérôme), The Bolshoi Ballet at the Royal Opera House, London, UK;
16 August 2013

124-125

©**Agathe Poupeney**

*Theme and Variations*, choreography by George Balanchine
Laura Hecquet and Josua Hoffalt, Ballet de l'Opéra national de Paris
at the Palais Garnier, Paris, FRANCE; 21 September 2015

**마치며**
révérence

'춤'이라 불리는 움직임을 쓰고 해석하는 기쁨에 취하던 때가 있었다. 그러나 시간이 지나자, 어느 땐가 그 행위가 걱정스럽고 만족스럽지 못했다. 애정을 쏟던 공연 현장으로부터 거리를 두고 관조하기 시작했다. 이내 마음은 고요해졌으나 우리 사이는 점점 더 멀어졌다. 그때의 마음을 되찾아야만 했다.

**글쓰기의 몸짓은 일의 몸짓이다. 그 덕분에 생각들이 텍스트의 형태로 실현된다. 글로 쓰이지 않은 생각을 갖고 있다는 것은, 실제로는 아무것도 갖고 있지 않다는 말이다. (…) 글을 쓰는 몸짓에서 이른바 문체의 문제는 덤이 아니라, 문제 그 자체이다. 나의 문체는 내가 글을 쓰는 방식이고, 다시 말해서 그것은 내 글쓰기의 몸짓이다.**(빌렘 플루서 저, 안규철 역·김남시 감수, '몸짓들: 현상학 시론', 2018)

아이러니하게도, 글을 만지고 책을 만드는 일을 하면서 정작 내 책을 만드는 데는 많은 용기가 필요했다. 구성은 머릿속에 머물렀고, 문장은 입술을 떼지 못했다. 그 끝에 깨달았다. 사실 춤에 대해 쓰게 하는 가장 큰 동력은, 최선을 다해 즐겁게 춤춘 시절과 그때의 치열한 경험이 내 안에 있다는 것을. 공연을 보고 있으면 어느새 무용수에게 빙의해 함께 춤추고 상상한다. 오감을 동원해 그 움직임을 그려보면서, 관찰자가 아닌 행위자로서 가장 적절하고 아름다운 언어를 골라낼 때 더할 나위 없는 기쁨을 느낀다. 이것은 오롯이 나만의 '글쓰기의 몸짓'이다. 내가 가진 가장 소중하고 귀한 자산을 정작 나는 잊고 있던 것이다.

     춤을 해석하는 방법은 너무나 다양하고, 모든 예술이 그러하듯 정답은 없다. 그 유연함은 몸짓이 가닿을 수 있는 담론의 지평을 넓혀나간다. 아직 쓰지 못한 단어를 현실화해 기입해 나가는 과정은, 선택된 언어와 짜인 구조가 일으키는 고유한 분위기는, 결국 나라는 세계를 오롯하게 대변하게 될 것이다. '춤'으로 불리던 몸짓은 이제 고유한 글쓰기의 몸짓이 됐다.

     나아가 예술가와 관객, 편집자와 독자, 무대와 학계, 시장의 교집합에서 할 수 있는, 또 해야 하는 것은 무엇일까 떠올렸다. 6년 전 해외 주요 무용단체의 시즌 경향을 분석한 보고서 '극장과 춤, 동시대를 움직이는 전략들'을 펴내면서 이렇게 적었다.

**춤에 관심을 갖는 관객의 수는 점차 증가하고 있습니다. 극장 로비나 아마추어를 위한 스튜디오에서 그 변화를 생생히 느낍니다. 그러나 춤과 관련한 콘텐츠의 양과 질은 여전히 미미한 상태입니다. 국내 무용가와 무용단체의 해외 진출이 상당히 늘어났지만 춤을 논의하는 환경은 여전히 좁고, 춤 현장을 다루**

**는 연구에 있어 큰 변화는 없었습니다.**

여러모로 놀랍게도 상황은 여전한 듯하다. 관객층은 성장했으나 콘텐츠와 담론은 그러한 변화를 얼마나 충족시키고 있나. 불안정한 시대에 믿을 것은 아름다움뿐이라는 생각으로 글을 썼다. 잘 갖춘 형식의, 예쁘고 화려하고 우아한 예술이라 간주해 온 발레에서 나는 때때로 삶을 잘 살아가기 위한 교훈을 얻는다. 고전의 탁월함부터 현대의 재기 발랄함에 이르기까지 고루 다루려고 노력했으나 이 책에 언급된 작품은 일부일 뿐, 미처 쓰지 못한 훌륭한 작품과 안무가가 숱하다. 발레를 곁에 두는 이들이 늘어날수록 함께 나눌 이야기가 더 많아지리라 기대한다.

발레는 디테일의 예술이다. 문장이 그 순간에 영원성을 부여한다면, 사진은 순간이 일으킨 의도성을 드러낸다. 이 책에는 작품을 대표하는 장면보다, 순간의 몸짓이 향하는 의미가 깃들어 있는 사진을 골라 담았다. 그 매혹의 감흥이 독자께도 가닿기를 바랄 뿐이다.

첫 책이니 짧게나마 감사를 전하고 싶다. 이 책이 꽃을 피울 수 있도록 씨앗을 심고 찬찬히 빛과 물을 주며 키워온 손민지 실장님, 격려와 응원을 아끼지 않은 친구와 동료, 선배들, 매 여름 모종의 동료애를 나누는 에투알 클래식 한정호 대표님과 김혜진 이사님, 아름다운 순간을 지면에 담을 수 있게 해준 김병구 작가님, 멋진 무용수이자 친구 임수정과 흔쾌히 사진을 사용하도록 허락해준 취리히 발레, 그리고 저자와 편집자를 오가는 서툰 책의 첫 번째 독자가 되어준 황금희 선생님. 마지막으로 김태희라는 사람을 이해하기 위해 기꺼이 춤예술을 함께 들여다본 소중한 사람에게, 당신의 지지로 이 책을 끝내 맺을 수 있었다는 마음을 전한다.

    발레 클래스는 '레베랑스révérence'라 하는 인사로 시작하고 마친다. 상대를 향한 존경과 감사의 마음을 담아, 또 스스로 처음과 끝을 되새기는 의미가 깃든 발레의 고유한 인사 형식이다. 지금 이 문장까지 공들여 읽어주신 독자께 레베랑스 하는 마음으로 책을 마친다.

**삶의 질문에 몸짓으로 답하다**

초판 1쇄 발행 2025년 7월 30일

지은이 김태희
편집 김태희
디자인 손민지
교정 황금희
인쇄·제책 더프레스(주)

펴낸곳 레베랑스 *révérence*
등록 제2025-000057호
주소 04364 서울시 용산구 새창로 115-6
이메일 edit.reverence@gmail.com

ⓒ김태희, 2025. Printed in Korea.

ISBN 979-11-993595-0-5 03680
16,800원

이 책에 실린 글과 사진에 대한 저작권은 저자와 사진가에게 있습니다.
이 책 내용의 전부 또는 일부를 재사용하려면 반드시 저작권자의 동의를 받아야 합니다.